Elogios a *Esperanza para su matrimonio*

«Clayton y Ashlee Hurst están a la vanguardia del ministerio matrimonial. Este libro está lleno de sabiduría práctica y es de lectura obligatoria para todo el que quiera avanzar en su matrimonio».

—Jimmy Evans, fundador y presidente de Marriage Today, Southlake (Texas)

«Este libro, enlazado con la Escritura y con historias motivacionales de superación, bendecirá a cada pareja dispuesta a tener un matrimonio saludable y feliz con Dios al centro».

—DeVon Franklin, presidente de Franklin Entertainment; autor superventas de los libros *The Hollywood Commandments* [Los mandamientos de Hollywood], *The Wait* [La espera] y *Produced by Faith* [Hecho por fe]

«Si usted es recién casado o lo está desde hace décadas, este alentador libro le dará una nueva y útil perspectiva sobre cómo hacer de su matrimonio la mejor relación de su vida».

—Shaunti Feldhahn, investigadora social; autora superventas de *Solo para mujeres*, *Solo para hombres* y *Matrimonios espectaculares*

«Animamos a cada matrimonio a que no solo adquiera esta obra, sino que viva con ella, que se interne en sus profundidades y que viva sus principios. ¡Esto lo enriquecerá!».

—John y Aventer Gray, pastor asociado y directora de danza de Lakewood Church

«Ashlee y Clayton relatan con transparencia su historia de mutuos y sinceros malentendidos: ¡la misma de cada matrimonio! Sin embargo, Dios les reveló algunas ideas que les permitieron amarse y respetarse de manera significativa y amistosa. Somos bendecidos por sus vidas y por su testimonio».

—Dr. Emerson y Sarah Eggerichs, Love and Respect Ministries

«En este libro, escrito con base en su propia experiencia, Clayton y Ashlee hablan del modo en que Dios transformó su matrimonio. Un libro lleno de esperanza para todos aquellos que desean una relación amorosa y comprensiva».

—Dr. Gary Chapman, autor superventas de *Los cinco lenguajes del amor*

«Con sabiduría práctica y aplicación a la vida real, Clayton y Ashlee brindan un tesoro de ideas para forjar un matrimonio que honre a Dios. ¡Todo matrimonio necesita leer este fantástico libro!».

—Dres. Les y Leslie Parrott, autores no. 1 de la lista del New York Times con el libro superventas *Asegure el éxito en su matrimonio antes de casarse*

«Lea este libro. No solo lo ayudará a aumentar la satisfacción marital, sino que lo conducirá a un matrimonio que nunca soñó posible».

—Ted Cunningham, pastor de Woodland Hills Family Church, en Branson, Missouri; autor de *Fun Loving You* [Es divertido amarte]

«La clave del éxito en cualquier medio, en especial para los escritores, radica en identificarse de modo tan cabal con los receptores que estos sientan que la historia trata sobre ellos. Eso es lo que Clayton y Ashlee Hurst han logrado magistralmente. Si quiere un gran matrimonio, no solo uno que sea bueno, ¡lea este libro!».

—SQuire Rushnell y Louise DuArt, autores superventas del New York Times de la serie Godwinks y *The 40 Day Prayer Challenge* [El reto de los 40 días de oración]

«Usted está sosteniendo el manual por excelencia para un matrimonio próspero. No importa en qué etapa conyugal esté, este extraordinario recurso lo ayudará a llevar su más preciada relación terrenal a un nivel superior».

—Chris Brown, pastor, orador, Personalidad Ramsey, locutor de radio con difusión nacional de Life Money Hope

«¡Léalo! ¡Su matrimonio será muy feliz!».

—Ted Lowe, autor de *Your Best Us* [Tu mejor nosotros] y fundador de marriedpeople.org

ESPERANZA

PARA SU

MATRIMONIO

DESCUBRA LOS MEJORES DESEOS DE DIOS
PARA USTED Y SU CÓNYUGE

Clayton y Ashlee Hurst

GRUPO NELSON
Una división de Thomas Nelson Publishers
Desde 1798

NASHVILLE   MÉXICO DF.   RÍO DE JANEIRO

Editora en jefe: *Graciela Lelli*
Traducción: *Nahum Saez*
Edición y adaptación del diseño al español: *Grupo Scribere*

ISBN: 978-1-41859-861-7

Impreso en Estados Unidos de América
18 19 20 21 22 LSC 9 8 7 6 5 4 3 2 1

*Oramos para que muchos
matrimonios encuentren, en estas
páginas, la esperanza que necesitan.
Incluso aquellos que aún no
se han formado.*

Que se escriba esto para las generaciones futuras,
y que el pueblo que será creado alabe al SEÑOR.

—SALMOS 102.18

Contenido

Prólogo de Joel Osteen   xiii

1. Los huesos secos cobran vida   1

2. El mito «Felices por siempre»   21

3. La elección correcta   39

4. Amor, seguridad, respeto y honra   59

5. La comunicación efectiva   75

6. Conflictos saludables   93

7. El poder de la alianza   113

8. El perdón   129

9. El sexo no es solo una palabra de cuatro letras   143

10. Declare vida sobre su matrimonio   161

11. Jesús en el centro   181

Epílogo   201

Reconocimientos   221

Notas   223

Acerca de los autores   224

Prólogo

Hace años, mi padre se molestó tanto con mi mamá que decidió darle un tratamiento silencioso. O, algo como lo que llamaríamos, «la ley del hielo». Así que estuvo todo el día sin hablarle y, cuando tenía que comunicarse con ella, solo le respondía con un monosílabo. Bueno, eso continuó por unas horas hasta que mi madre se cansó. De modo que se escabulló y, en silencio, se escondió detrás de una puerta sin decirle nada a nadie. Permaneció allí tan callada y quieta como pudo, hasta que al fin mi padre se preocupó porque no la había visto en un largo rato. De modo que comenzó a buscarla por toda la casa. Miraba, rebuscaba y nada. Pero, cuando pasó por la puerta tras la que mamá estaba oculta, ella saltó sobre la espalda de él, lo asustó y le dijo: «¡No te soltaré hasta que te contentes conmigo!». Así que estallaron en risas y carcajadas hasta que mi padre ya no pudo recordar por qué estaba molesto.

Toda pareja enfrenta dificultades en el matrimonio, pero aquellas que aprenden a superar los desacuerdos son las que triunfarán.

Hoy, algunos de los mayores ataques espirituales son contra nuestros hogares. El enemigo trabaja duro para dividir familias y provocar conflictos en los matrimonios. Es por eso que es tan vital para nosotros que aprendamos a luchar por nuestras relaciones más importantes.

Clayton y Ashlee Hurst han servido fielmente aquí en Lakewood Church por más de una década. Nos encanta la alegría y el liderazgo que aportan a nuestra familia ministerial. Victoria y yo apreciamos mucho su compromiso mutuo y su dedicación a la gente de Lakewood, por lo que les pedimos que atendieran a los matrimonios y al ministerio de padres aquí en Lakewood.

Clayton y Ashlee serán los primeros en reconocer que no son perfectos. Ellos no se las saben todas, pero tienen la voluntad de dar a conocer todas las formas en que Dios ha trabajado en su matrimonio a lo largo de los años, conscientes de que, si Él lo hizo por ellos, también lo hará por usted.

En *Esperanza para su matrimonio*, Clayton y Ashlee hablan con franqueza sobre las dificultades que enfrentaron en sus primeros cinco años de matrimonio. A menudo, los jóvenes casados no se percatan de lo que va mal en su relación. Clayton y Ashlee no fueron la excepción. Ellos no sabían cuánto no conocían. Poco a poco, con el paso del tiempo, al permitir que Dios trabajara en la relación de ellos, comenzaron a ver el fruto.

En *Esperanza para su matrimonio* encontrará estímulo para su matrimonio, no importa en qué punto de su trayecto se encuentre. Quizás esté comprometido y se pregunte qué le depara el futuro. Este libro es para usted. Tal vez sea un recién casado que está disfrutando del resplandor de su luna de miel. Este libro es para usted. Quizás haya sobrevivido los primeros veinte años de matrimonio y está en busca de un nuevo vigor para su relación. Este libro también es para usted. O tal vez haya sufrido mucho en su matrimonio y está considerando una separación. Sí, *Esperanza para su matrimonio* es para usted también.

No importa en qué condición se encuentre su matrimonio, mantenga el compromiso con su cónyuge y observe lo que Dios hace a favor de usted. Permanezca fiel y no se rinda. Su familia y sus amigos notarán la diferencia. Dios también la verá y lo honrará por ello.

¡Hay esperanza para su matrimonio!

Pastor Joel Osteen
Lakewood Church

1

Los huesos secos cobran vida

Hijo de hombre, ¿podrán revivir estos huesos?

—Ezequiel 37.3

Dicen que una persona solo necesita tres cosas en
este mundo para ser verdaderamente feliz: alguien a
quien amar, algo que hacer y algo a que aspirar.

—Tom Bodett, autor y locutor de radio

¿Está dispuesto a hacer todo lo que se necesite para tener el matrimonio que siempre soñó?

Al principio de nuestro matrimonio, habríamos respondido a esa pregunta con un *sí* rotundo. Y si alguien nos hubiera desafiado con ella durante los primeros años de casados, seguro que habría cambiado la trayectoria de nuestro matrimonio.

El 15 de junio de 1996, día de nuestra boda, iniciamos lo que pensamos que sería nuestra ininterrumpida historia de amor, para toda la vida. Estábamos enamorados y habíamos empleado toda nuestra energía en la planificación y en la preparación del gran día. Seleccionamos las combinaciones de colores, decidimos si usar flores naturales o artificiales y discurrimos sobre si ocho invitados por cada uno eran demasiados. Los pequeños detalles eran cruciales para nosotros. Estábamos bastante orgullosos de nuestra herencia cristiana y queríamos que todos supieran que el día de nuestra boda estaba dedicado a Dios y al comienzo de nuestro compromiso mutuo. Habíamos estado comprometidos por casi ocho meses y el tiempo había pasado deprisa. Antes de darnos cuenta, tomaron las fotos de la ceremonia, la recepción culminó y nosotros partimos hacia una romántica luna de miel. Al fin casados, nos sentíamos en la cima del mundo y nada cambiaría eso, ¿no es así?

En retrospectiva, dedicamos tanto tiempo a prepararnos para el día de nuestra boda, que no dispusimos casi nada para los días venideros. En nuestras sesiones de consejería prematrimonial nos aseguraron que, como nuestros padres tenían matrimonios sólidos, el nuestro también lo sería, y que no era necesario deliberar sobre temas profundos en nuestra relación. Nosotros lo creímos así. Tuvimos una errónea noción de seguridad. Pensamos que no era necesario continuar con la consejería prematrimonial.

Durante ese primer año, estuvimos redefiniendo lo que era normal. Fuimos aprendiendo cómo era la vida de casados, qué era ser esposo, qué era ser esposa y cómo amarnos en un nuevo nivel. Para ser francos, comenzamos nuestro primer año en la cima más alta y luego dio inicio nuestro descenso paulatino. No teníamos idea de que estábamos dirigiéndonos directo a un valle. Uno profundo y doloroso. Casi cinco años después, estábamos atrapados en ese valle. Nos habíamos lastimado tanto el uno al otro que no podíamos discernir si había alguna salida.

Hay una historia en la Biblia que describe un valle tan desolado como aquel nuestro. El profeta Ezequiel fue llevado por Dios hacia una visión grandiosa. El Señor lo ubicó en medio de un valle repleto de huesos secos. De repente, Dios lo alzó en el aire para que observara aquella escena de destrucción. En todas las direcciones, Ezequiel no podía ver nada más que muerte y miseria. Un valle extenso, lleno de huesos secos, esparcidos de este a oeste. Era el valle de la muerte, donde toda esperanza había desaparecido, si acaso había alguna.

Nuestro momento en el valle

El paso por el valle llegó temprano a nuestro matrimonio al descubrir que no sabíamos cómo comunicarnos de manera efectiva. A menudo nos gritábamos con el propósito de explicar nuestros puntos de vista. Nos sentíamos miserables. Pensábamos que lo habíamos intentado todo, pero nada parecía funcionar. ¡En ese momento precisábamos una esperanza! Nos confrontaban las mismas preguntas que ahora les hacemos a otras parejas:

¿Estábamos dispuestos a hacer todo lo necesario para tener el matrimonio que siempre esperamos y soñamos?

¿Estábamos dispuestos a dar pequeños pasos diarios para salir de ese valle desolado en el que nos encontrábamos?

¿Estábamos dispuestos a someternos a Dios y el uno al otro?

De Ashlee

Era noviembre del año 2000. Durante las elecciones presidenciales, mientras el mundo debatía y discutía sobre votos no contados, mi debate era con un matrimonio que pendía de un hilo. Apenas cinco semanas antes, había dado a luz a nuestro primer hijo. Al igual que el mundo sumido en el caos, sentía una incertidumbre en mi corazón por lo que me deparaban los próximos años. *¿Cómo podríamos traer un nuevo miembro a nuestra pequeña familia cuando nuestro matrimonio estaba sin vida? ¿Por qué éramos tan infelices? ¿Por qué no teníamos un matrimonio exitoso? Los hogares de nuestros padres habían tenido éxito, ambos fuimos criados en familias cristianas y estábamos muy involucrados en nuestra iglesia.* Empecé a reflexionar sobre los últimos cinco años y sobre cómo nos había ido. Me lo imaginé en una lista como la que sigue.

+ Primer año: Los primeros meses fueron emocionantes y divertidos, casi como vivir en Navidad todos los días. Vivíamos en la cabaña de madera más linda que había en un campo de heno con vacas a nuestro alrededor. Era el sueño de cualquier chica de campo. Era nuestro pequeño paraíso al este de Texas. Éramos felices.

Clayton tenía algunas peculiaridades que yo veía un poco extrañas, pero estaba convencida de que al fin podría cambiarlo. Sin embargo, yo tenía algunas luchas internas de mi pasado que nunca le conté, pero, de manera general, era como cuando éramos novios, aunque ahora no teníamos que separarnos ni dejarnos.

✦ Segundo año: La etapa de la luna de miel estaba llegando a su fin. Cuando tratábamos de conversar, discrepábamos en casi todo. Esos conflictos se convertían en discusiones hirientes. Acababa de empezar mi primer año de enseñanza en la escuela secundaria, pero no lo estaba disfrutando. Era demasiado joven como para enseñar a estudiantes de secundaria, por lo que me sentí abrumada. Traté de hablar con Clayton al respecto para que pudiera animarme a superarlo, pero simplemente trató de solucionar todos mis problemas. Yo no quería eso, solo deseaba que me escuchara. Así que dejé de contarle tanto como solía hacerlo.

✦ Tercer año: Clayton tomó el cargo de pastor de niños en nuestra iglesia. Ahora era una «esposa de pastor». Yo tenía veintitrés años y me sentía poco calificada. *No sé cómo tocar el piano, predicar o cantar*, pensé. *¿Cómo voy a ser esposa de un predicador?* Tenía algunas ideas en cuanto a qué tipo de mujer debía ser y, en mi criterio, yo era un gran fracaso, pero nunca podría decírselo a Clayton. Él solo trataría de arreglarlo. De modo que comencé a aislarme de él poco a poco y empecé a morir por dentro.

✦ Cuarto año: Odiaba el sexo. Esas luchas silenciosas de mi pasado estaban empezando a aflorar en mí de una manera que ya no podía ocultar. No obstante, una persona bienintencionada a la que le confié mis luchas, me dijo que solo tenía que soportar esos quince minutos y que así estaría cumpliendo con mi esposo, ya que era mi deber como esposa hacerlo.

✦ Quinto año: Todo aquello fue demasiado: la comunicación espantosa, la vida sexual insatisfecha, la idea de que necesitábamos tener un matrimonio perfecto y, ahora, un bebé. No podía soportarlo más. Me sentía atrapada en una relación rota, me consideraba indigna y estaba atrapada en mi nuevo rol como madre, por lo que me deprimí. Pensé en terminar con mi vida puesto que no veía otra salida. Me encontraba en el valle de los huesos secos y estaba falleciendo.

De Clayton

Recuerdo que el quinto año fue un momento clave para nosotros. Luchábamos más que nunca en nuestra relación. Estaba abrumado por la culpa, la pena y la tristeza. Se suponía que lo lograríamos. Es más, no solo eso, debíamos haber sido el modelo de un matrimonio perfecto. Los matrimonios de nuestros padres eran exitosos y todos suponían que seguiríamos sus pasos. Teníamos muchas cosas a favor, pero nuestro matrimonio se desplazaba en una espiral descendente sin esperanza a la vista.

Nunca había sentido tanta presión para mantener todo a flote. Había mucho apremio para ser perfectos y no estábamos ni cerca. De hecho, nadie sabía lo ardua que era nuestra lucha. No había forma de que alguien lo supiera porque nos habíamos convertido en expertos en usar máscaras para cubrir nuestro dolor. La gente de nuestra iglesia nos veía como líderes. Yo sentía que estaba fallando como pastor y como esposo. Y, con un bebé en camino, estaba destinado a seguir fracasando.

Muchas veces me sentí como si estuviera nadando en pleno océano, en una misma dirección, por lo que parecía una eternidad, solo para darme cuenta de que no había tierra a la vista. Luego probaba «nadar» en la dirección opuesta y aun así no veía tierra. Me sentía como si estuviera agobiado y a punto de ahogarme. Era una época extenuante. Se suponía que nuestro matrimonio no debía fallar. ¿Cómo habíamos caído en tal desesperación? He aquí mis reflexiones sobre los primeros cinco años.

✦ Primer año: Al principio no tuvimos nada más que el uno al otro. Yo trabajaba en la universidad donde Ashlee estaba terminando su carrera. Vivíamos en pleno campo de heno en una cabaña de madera que pertenecía a mi familia. Era una vida sencilla e intentamos establecer una nueva normalidad para los dos. Era emocionante y estábamos enamorados.

✦ Segundo año: La fase de luna de miel había terminado. Ashlee había comenzado su primer año de enseñanza. Se frustraba día tras día. Llegaba a casa y me contaba todos sus problemas, por lo que pensé que ella quería que yo fuera su salvador. Recuerdo un día que comenzó a contarme sus conflictos y escuché tantos como me fue posible. Era obvio que necesitaba mi ayuda, así que empecé a instruirla sobre cómo arreglar las cosas. Entonces, gritando, me dijo: «¿Podrías dejar de tratar de arreglar mis problemas y solo escucharme?». Pensé que eso era lo más estúpido que jamás había escuchado. Me frustraba mucho que no me permitiera ayudarla. Estaba fallando como marido, aunque en el trabajo sobresalía. La universidad donde trabajaba empezó a invertir en mí, por lo que me enviaron fuera del estado a unas sesiones de entrenamiento. Mis jefes parecían complacidos con todo lo que estaba haciendo. ¡Al fin, me estaban valorando!

+ Tercer año: Seguía avanzando en el trabajo, pero estaba listo para un cambio. Había servido de manera fiel en nuestra iglesia. Cada miércoles por la noche corría del trabajo a la casa y luego me dirigía a la iglesia para instruir a los niños de primaria en la congregación. Esa era otra forma de recibir el amor y el afecto que no estaba recibiendo de Ashlee. A mitad de ese año me ofrecieron la posición de pastor de niños en nuestra iglesia. Para cualquier hombre, no hay nada como la sensación de sentirse amado o necesitado. La iglesia deseaba que me convirtiera en pastor de tiempo completo, algo que, desde hacía mucho tiempo, yo sabía que tendría que hacer, pero Ashlee dudaba y estaba temerosa. Ella no quería que yo aceptara ese trabajo, pero, de todos modos, lo acepté.

✦ Cuarto año: Nuestra relación continuaba hundiéndose en la desesperación más profunda. Yo estaba aletargado y parecía indiferente a todo. Compramos nuestra primera casa, de modo que me sentí más como proveedor genuino, pese a lo disfuncional que era. Me satisfacía ayudar a los demás en mi trabajo en la iglesia. Las personas que nos rodeaban pensaban que todo estaba bien porque éramos expertos en usar máscaras y en hablar en forma apropiada. Pero al mismo tiempo, nos estábamos muriendo por dentro y la esperanza de un matrimonio saludable iba desapareciendo con rapidez.

✦ Quinto año: Ashlee y yo éramos poco más que compañeros de cuarto. Llevábamos puestos nuestros anillos de boda, pero, con toda franqueza, simplemente estábamos conviviendo bajo el mismo techo. Mi trabajo seguía prosperando, por lo que encontré mi pasión y mi voz a través de él. Entonces, después de que Ashlee dio a luz a nuestro primer hijo, las cosas se intensificaron. ¿Cómo podría ser un buen padre si ni siquiera podía ser un buen esposo? Lo que debió haber sido la mejor época de nuestro matrimonio se convirtió en un valle de muerte.

Quisiéramos que otra pareja establecida nos hubiera contado sus historias, sus desafíos y sus triunfos. Nos habría ayudado a comprender que había esperanza pese a las circunstancias arduas. Si en ese momento hubiéramos entendido que Dios estaba luchando por nosotros y que no nos había unido para fracasar, nos habría ayudado mucho. Lamentamos no haber sido más sinceros en cuanto a nuestra relación y no percatarnos de que todos los matrimonios enfrentan desafíos. En aquel entonces no sabíamos que el matrimonio es mucho más que hacernos felices el uno al otro. También es un proceso de santificación. Dios usa a nuestros cónyuges para revelar las áreas que necesitan mayor atención en nuestra vida. Si tan solo hubiéramos dejado de lado nuestro orgullo y hubiéramos decidido amarnos el uno al otro, ¡qué diferente habría sido!

La esperanza para nuestro matrimonio siempre estuvo presente, solo no supimos cómo aprovecharla.

Hemos hablado con muchas parejas que estuvieron en un valle como el nuestro. Igual que con nosotros, eso no ocurrió de la noche a la mañana. Habían ido descendiendo poco a poco hacia el valle, hasta sentir, de repente, que habían perdido toda esperanza. Es casi como si hubieran estado muriéndose paulatinamente.

Muchas veces, los cónyuges se convierten en personas complacientes, por lo que su relación comienza a morir en forma gradual. Por eso aconsejamos a esas parejas que reconozcan en qué punto del valle se encuentran, de modo que puedan decidir ejecutar un cambio. Por lo general, el cambio no es radical. La mayoría de las veces es algo mínimo, pero un pequeño cambio puede tener un impacto extraordinario. Es como una chispa que puede convertirse en un fuego arrollador. A menudo recomendamos a las parejas que empiecen cambiando cómo responden a las situaciones que se les presenten. En aquellas circunstancias en las que una vez fueron negativos, ahora reconocían una oportunidad para responder en una forma más positiva y alentadora.

Eso fue exactamente lo que le sucedió a la primera pareja a la que le brindé consejos matrimoniales. Ashlee y yo tuvimos la oportunidad de dar nuestro testimonio por primera vez en una actividad para matrimonios en nuestra iglesia, precisamente antes de mudarnos a Houston. Estábamos emocionados y ansiosos por contar algunas de las luchas que habíamos atravesado en los primeros cinco años. Casi una semana después del evento, recibí una llamada telefónica de alguien que había asistido y quería asesoramiento matrimonial. La llamada me sorprendió e inmediatamente comencé a orar para que Dios me dirigiera, puesto que la persona al otro lado del teléfono era mi madre.

Mamá y papá estuvieron entre la audiencia la noche que dimos nuestro testimonio. Ellos habían estado casados por más de cuarenta años y la mayoría de personas, incluido yo, habría supuesto que su matrimonio era tan fuerte como siempre. Sin embargo, mi mamá y mi papá se enfrentaban a nuevos retos y necesitaban aprender a comunicarse de nuevo. Eso fue desconcertante para mí, porque nunca los había visto molestos entre sí, ni siquiera discutir demasiado.

Éramos una familia normal que vivía en un pueblo pequeño del este de Texas. Mi padre (Bill) trabajaba para un banco local y mi madre (Judy) era maestra en un preescolar. Parecían tener un buen matrimonio. Recuerdo siempre que mi papá llegaba del trabajo y le daba un beso a mi mamá mientras ella trabajaba en la cocina. Íbamos a la iglesia casi cada vez que abría sus puertas.

Estaba seguro de que mis padres tenían la relación perfecta por todo lo que presencié mientras crecía. Parecían tenerlo todo en su punto. En apariencias, todo iba muy bien.

Mis padres habían criado con éxito a tres grandes hijos y, como estaban en la etapa en la que esos hijos se habían marchado de casa, se dieron cuenta de que estaban en un valle. No tenían certeza de cómo habían llegado allí, pero querían salir rápido. Papá y mamá decidieron tragarse su orgullo y poner manos a la obra. Encontraron un consejero cristiano local que los ayudó a salir de su valle de huesos secos. Aunque habían estado casados por muchos años, se dieron cuenta de que necesitaban ayuda. Así que decidieron ajustar cómo responder y reaccionar entre sí. Empezaron a establecer nuevos hábitos que marcarían su relación en los años por venir. Mientras escribo estas palabras, cuentan con más de cincuenta años de casados y ahora ayudan a otros matrimonios a salir del valle.

¿Se imagina lo que pensó Ezequiel al ver aquellos huesos? De seguro no se imaginó que Dios iba a desafiarlo. Dios le hizo una pregunta imposible y, entonces, sucedió algo extraordinario. Ezequiel vio a Dios obrar un milagro, pero eso sucedió porque se enfocó en Dios y no en las circunstancias que lo rodeaban.

A pesar de que a su alrededor solo había huesos secos, blanqueados por el sol, la respuesta de Ezequiel estaba llena de esperanza. «Señor omnipotente, tú lo sabes» (Ez 37.3), dijo. En otras palabras, Ezequiel no se conmovió por lo que veía ni por lo que sentía, sino por la mano que sostiene al mundo. ¡Su respuesta no fue una declaración de cierre, sino de apertura! La Biblia dice que la «fe agrada a Dios». No habla de la *cantidad* de fe que le agrada. Es bueno que Dios no requiera grandes cantidades de fe para responder. Él es el Dios de la esperanza. Él es el Dios de la restauración. Él es el Dios de lo imposible, nada es demasiado difícil para Él.

Su parte

Ezequiel tuvo su parte en el juego. Tuvo que tomarle la palabra a Dios y comenzar a declarar vida en voz alta sobre una situación muerta. Dios estaba ayudando a Ezequiel a entender el poder de la palabra hablada. Dios pudo haber restaurado los huesos muertos y darles vida, pero decidió enseñarle a Ezequiel una lección que un día nos ayudaría a todos nosotros. Si nos remontamos a Génesis vemos que, con Dios solo pensar en la luz, esta habría aparecido. Pero, en vez de eso, Dios declaró: «Hágase la luz», y hubo luz. Así que, Dios establece el modelo que declara esperanza y vida desde el principio.

En el matrimonio, todos tenemos un papel que jugar. Sin importar la condición actual de su situación, ahora tiene la opción de mejorarla. Ezequiel tuvo que *hablarles* a los huesos. Para que Dios haga un milagro en su relación, usted debe empezar por creer en Dios y declarar vida sobre su situación muerta. Algo magnífico que puede hacer es declarar lo que la palabra de Dios dice sobre el matrimonio en general. Podría decir algo como: «Dios, Tú dices en Eclesiastés 4.12 que la cuerda de tres hilos no se rompe fácilmente. Gracias, Señor, porque no importa cómo me sienta hoy, nuestra alianza no se romperá».

Simplemente comience a dar gracias a Dios por su cónyuge. «Quien halla esposa halla la felicidad: muestras de su favor le ha dado el SEÑOR» (Pr 18.22). Tener un corazón agradecido siempre cambiará la atmósfera que lo rodea. Usted elige ser un termostato, no un termómetro. No solo describa lo que siente o lo que ve. Declare por fe en lo que se convertirá su matrimonio.

Cuando comenzamos nuestro quinto año tuvimos que decidir, como hizo Ezequiel, enfocarnos en Dios y no en las circunstancias que nos rodeaban. Al igual que Ezequiel, no usamos nuestras palabras para describir lo mal que estaba nuestro matrimonio, ¡las empleamos para declarar que con Dios lo podemos todo! No vimos una transformación de la noche a la mañana, pero comenzamos a hacer pequeños cambios en nuestra comunicación. Empezamos a compartir con sinceridad cómo nos sentíamos el uno con el otro, y comprendimos que podíamos cometer errores en el camino.

Clayton: Recuerdo que durante ese tiempo una pareja acudió a mí en busca de ayuda. La esposa se me acercó un día y me preguntó si podía darles consejería a ella y a su esposo. Le dije que lo haría, aun cuando yo mismo necesitaba ayuda. Nos reunimos cada semana por aproximadamente un mes, y me pareció que estábamos progresando. No obstante, resultó que al final de todo ese tiempo de consejería estaban peor que cuando empezamos. Recuerdo que me frustré mucho con esa pareja. *¿Por qué no estaban dispuestos a hacer los cambios que necesitaban para salvar su matrimonio?*, me preguntaba.

Estaba ciego ante aquella ironía. Estaba diciéndoles cómo arreglar su matrimonio, cuando no tenía la más mínima idea de cómo solucionar el mío.

Después de esa experiencia miserable, me prometí algo: nunca aconsejaré a otra pareja sin preguntarles primero: «¿Están dispuestos a hacer todo lo necesario para tener el matrimonio que siempre han esperado y soñado?».

Si una pareja dice que sí, entonces procedemos, pero si no están seguros, postergamos la consejería hasta que su respuesta sea un sí rotundo. Tras comprometerme con la consejería de parejas de esa manera, sentí que Dios me cuestionaba. No era una voz audible, sino algo que imprimió en mi corazón: «Clayton, ¿estás dispuesto a hacer todo lo necesario para tener el matrimonio que siempre has esperado y soñado?».

¿Yo?, pensé. *¿Qué con Ashlee? Intento hablar con ella, pero se calla.*

Otra vez, Dios me preguntó: «Clayton, ¿estás dispuesto a hacer todo lo necesario para tener el matrimonio que siempre has esperado y soñado?».

«Sí, Dios», le dije.

Cuando empecé a humillarme, Dios comenzó a ablandar mi corazón.

Pasos pequeños

Cuando estábamos en medio del valle, completamente abrumados por la desesperanza, la bondad y la gracia de Dios eran nuestra luz y nuestra guía. Teníamos tres opciones: continuar viviendo como estábamos y sentirnos miserables; ponerle fin a nuestro matrimonio; o buscar ayuda y encontrar la manera de salvar nuestra relación. El divorcio nunca fue realmente una opción. Aunque a ambos nos cruzó por la mente, decidimos no renunciar. Llegamos al acuerdo de que valía la pena salvar nuestro matrimonio y creímos que Dios nos ayudaría. Comenzamos a hablar de algunos de nuestros problemas y a ser completamente francos el uno con el otro. Confiamos en algunos de nuestros amigos más cercanos y les pedimos orientación y oración. Éramos dos personas heridas que necesitaban ser sanadas, pero antes tuvimos que humillarnos ante Dios y entre nosotros.

Otra herramienta útil fue leer juntos libros sobre el matrimonio. Aprendimos que los hombres y las mujeres son completamente diferentes en su forma de pensar, actuar y responder, lo cual es bueno. Tanto los hombres como las mujeres tienen necesidades diferentes y es importante saber cuáles son. También aprendimos a amarnos en la forma en que la otra persona necesita ser amada.

Estábamos dando pasos pequeños y fuimos avanzando. Sabíamos que no estábamos donde teníamos que estar, pero al menos no estábamos donde solíamos.

Cambiar no es fácil. Comprendimos que en nuestro matrimonio debíamos ceder nuestro «derecho» a tener la razón y dejar de lado nuestro orgullo. Comenzamos a entender que estábamos en el mismo equipo y que, si queríamos tener una relación exitosa, necesitábamos empezar a animarnos el uno al otro en vez de desgarrarnos mutuamente.

Usted podría estar pensando: *Sí, para ti es fácil decirlo. Yo no he tenido la vida familiar que ustedes tuvieron. Ni siquiera sé lo que es un matrimonio saludable.*

O quizás piense: *Pero ni siquiera sabes lo que le he hecho a mi cónyuge. Nunca me perdonará. Estamos lejos de tener un matrimonio saludable y fuerte.*

Ashlee: Hace un tiempo, el pastor Joel Osteen predicó un sermón que se me quedó grabado. Constantemente me hago preguntas como: *Dios, ¿por qué querrías usarme? ¿Por qué sanarías nuestro matrimonio? Las cosas que he hecho... las cosas que he dicho. No soy digna de que me uses.*

Recientemente me he preguntado en más de una ocasión: *¿Dios, por qué quieres que escribamos este libro? No somos eruditos bíblicos ni expertos en matrimonio.* Y siempre me responde: «Me gusta elegir a los débiles porque cuando eres débil, Yo soy fuerte y puedo enseñarte mejor en tu debilidad». Y entonces empiezo a pensar en uno de los sermones del pastor Joel: «En la Biblia, Jacob era un tramposo. David tuvo un desliz amoroso. Pablo fue un asesino. Noé se emborrachó. Jonás huyó de Dios. Miriam fue una chismosa. María vivía preocupada. Tomás era un incrédulo. Sara era impaciente. Gedeón era inseguro. Moisés tartamudeaba. Zaqueo era bajito. Abraham era viejo. Y Lázaro estaba muerto».

Así que, ¿por qué no puede Dios usarle? ¿Por qué no puede Dios realizar un milagro en su matrimonio? ¿Por qué no puede hacer que los huesos secos vuelvan a vivir?

Permítame plantearle esta pregunta de nuevo: «¿Está dispuesto a hacer todo lo necesario para tener el matrimonio que siempre ha soñado?». Si su respuesta es afirmativa, en los siguientes capítulos nos encantaría compartir con usted cómo hemos encontrado la esperanza que necesitábamos para no solo salvar nuestro matrimonio, sino para fortalecerlo y para tener una continua historia de amor.

PROFUNDICEMOS

Las siguientes son algunas preguntas y puntos de diálogo que le animamos a leer con su cónyuge. Recuerde que están en el mismo equipo y si su cónyuge gana, usted gana. Sean tan receptivos y francos entre sí como les sea posible, siempre en un espíritu de amor y honra. Sería una gran idea compilar estas preguntas y respuestas en un cuaderno aparte para considerarlas en el futuro, cuando vengan los tiempos difíciles.

Puntos de diálogo

1. ¿Están dispuestos a hacer todo lo necesario para tener el matrimonio que siempre han esperado y soñado? Si es así, firmen y pongan la fecha.

2. En una escala de 1 a 10 (con 1 si están en el valle y 10 si están en la cima de la montaña) desde su perspectiva, ¿dónde ve cada uno su matrimonio?

3. Pregúntense el uno al otro: «¿Hay algo en lo que pueda mejorar para que nuestro matrimonio se fortalezca?».

4. ¿Estaría cada uno de ustedes dispuesto a dar un pequeño paso para agregar valor y fortalecer su matrimonio? Tómense un tiempo de reposo al día durante la próxima semana para orar juntos como pareja. Puede ser corto, pero oren el uno por el otro, por su día, por su familia y por su futuro.

2

El mito «Felices por siempre»

Cuando dejas de esperar que las personas sean perfectas,
puedes empezar a apreciarlas por quienes son.

—DONALD MILLER, *UN LARGO CAMINO DE MIL AÑOS*

Cuentos de hadas

«Y vivieron felices por siempre».

Ashlee: Los cuentos de hadas son las mejores historias porque te dejan sintiendo todo romántico y enamorado por dentro. ¿Se acuerda de los cuentos de hadas que solíamos ver y leer cuando éramos niños? Recuerdo haber visto la película animada *La sirenita* cuando era adolescente y pensar en lo romántica que era. No podía esperar a encontrar a mi príncipe Eric y vivir felices por siempre. La mayoría de los cuentos de hadas terminan con el príncipe que derrota al enemigo, salva el día y cabalga con la princesa para vivir «felices por siempre».

Muchas parejas adoptan una mentalidad tipo «felices por siempre» al considerar el matrimonio. Todo el mundo vendrá a la ceremonia perfecta y verá a la pareja perfecta compartir el beso perfecto antes de emprender una vida perfecta. No olvide las fotos perfectas, el pastel perfecto y las canciones perfectas. ¡Todo será perfecto, de principio a fin!

Bueno, ese es un gran sueño, pero no es así en la vida real. ¿Se tomó alguien el tiempo para explicar lo que se necesita para hacer de ese sueño una realidad? No nos malinterprete, ¡el matrimonio es maravilloso! Y vale la pena trabajar y luchar por algo de tanto valor.

En la recepción de nuestra boda, un hombre mayor nos saludó y nos dijo: «¡Ah!, si todos los matrimonios pudieran empezar como el de ustedes, habría menos divorcios». Ambos nos quedamos sorprendidos, sonreímos y uno de nosotros respondió: «¡Gracias!, hemos estado trabajando muy duro por muchos meses para hacer especial este día».

Y sí, lo hicimos todo. Encendimos velas con nuestros padres, tomamos la Santa Cena juntos, les leímos unas cartas agradeciéndoles por habernos criado en hogares cristianos, tuvimos cinco canciones interpretadas por un pianista y un flautista, y tres pastores oraron por nosotros. Incluso lanzamos palomas al aire mientras escuchábamos a Prince cantar: «Cuando las palomas lloran». No, es broma, pero esa canción probablemente habría sido un gran presagio de lo que nos esperaba. Lo tuvimos todo en nuestra boda. Fue una boda de cuento de hadas, pero en Texas, con peinados de lujo y todo. Recuerdo que pensé en lo que ese hombre había dicho mientras nos alejábamos, saludando a nuestros amigos y familiares. Me dije con orgullo: *Sí, lo hicimos.*

Unos años más tarde pensé en las palabras de aquel hombre y sentí una gran vergüenza, porque había empezado a pensar en el divorcio. Especialmente en el quinto año.

¿Almas gemelas?

A muchas parejas les pasa lo mismo que a nosotros antes del día de la boda. Todo nuestro tiempo, dinero y atención estaban enfocados en ese gran día. Queríamos tener la boda perfecta por creer que, de empezar con el pie derecho, nuestra vida juntos sería perfecta como en los cuentos de hadas. Ambos concordábamos en que éramos almas gemelas. Sentíamos hormigueos cuando estábamos juntos. «Ella me provoca un cosquilleo en los dedos de mis pies cuando nos besamos». «Mi corazón se acelera cuando él entra a la habitación».

«Las almas gemelas no nacen. Se forman en las trincheras de la vida», esta cita la escuchamos del experto en matrimonio Jimmy Evans. Hace unos años asistimos a un programa de formación titulado *Matrimonios sobre la Roca,* y cuando escuchamos esas palabras vimos la situación con mayor claridad. «¡Ah! ¡Eso es muy cierto!», nos vociferamos con sigilo. (Sí, eso es posible).

En esos primeros años nos cuestionábamos a nosotros mismos constantemente.

«¿Cometimos un error?».

«No estoy seguro de que ella sea mi alma gemela. ¿Y qué si elegí mal?».

«Él me exaspera».

«¿Mi alma gemela? Lo que él parece es mi *arma gemela*».

No elegimos mal, pero ciertamente no éramos almas gemelas en aquel entonces. Todavía no habíamos pasado por ninguna de las «trincheras de la vida» juntos. Hubo momentos en que nos pareció estar en esas trincheras, pero solos. Siendo francos, a veces creímos estar en unas trincheras, pero luchando entre nosotros. Elegíamos luchar uno contra el otro, en vez de hacerlo juntos.

Ashlee: Pocos meses después de la boda, la realidad me golpeó con fuerza. En una ocasión, después de lavarme las manos en el baño, me las iba a secar con una hermosa toalla de mano con encaje que habíamos recibido como regalo de boda. Me enorgullecía esa toalla porque era un artículo de lujo que habíamos puesto en nuestra lista de obsequios y porque era una de las pocas cosas bonitas que teníamos en ese tiempo. Cuando la busqué para secarme las manos, no la encontré en ninguna parte. Era un viernes por la mañana y Clayton había salido temprano para jugar al golf con unos amigos. *Tal vez él la haya lavado*, pensé. Busqué por toda nuestra pequeña casa, pero no la encontré.

Cuando Clayton llegó a casa esa tarde, mi emoción al verlo se desvaneció rápidamente por la frustración que sentí cuando vi, a un lado de su bolsa de golf, lo que una vez fue una hermosa toalla de mano ahora cubierta de suciedad. Mi toalla más preciada no solo estaba irreconocible por todo el barro que tenía, sino que además Clayton le había hecho un agujero para colgarla en su bolsa.

—¿Qué has hecho? —le pregunté.

Clayton supuso que le hablaba de haberse ido todo el día para jugar al golf y me gritó:

—¿De qué hablas? Te dije que me iba a tomar todo el día para jugar al golf.

—¡Estoy hablando de mi toalla, toda sucia, colgando de tu bolso! —le respondí—. ¿Y además le has hecho un agujero?

Él sabía que había cometido un grave error, por lo que solo bajó la cabeza mientras yo continuaba furiosa.

Decir que estaba disgustada sería poco.

Además de eso estaba lo del gigantesco basurero, de más de doscientos litros de capacidad, que quería comprar y poner en medio de la cocina para no tener que sacar la basura tan a menudo. A esto me opuse con un rotundo no. Él me dijo que había funcionado excelente con sus compañeros en la residencia universitaria; y añadió que les había encantado. Le respondí que, si quería un basurero gigante en medio de la cocina, podía volver con sus compañeros de la universidad.

Yo tenía mi propia idea de lo que el matrimonio debía ser. Lo imaginé como un cuento de hadas en el que Clayton me abrumaría de romance todos los días. Nunca supuse que me casaría con alguien con problemas con los que tendría que lidiar por el resto de mi vida. Nunca pensé que los hormigueos se desvanecerían o que mi corazón dejaría de acelerarse.

Recordamos que alguien dijo: «El día de tu boda debe ser el funeral más feliz al que jamás asistirás, puesto que tu ego debe morir para tener un matrimonio exitoso». Eso era algo que en ese momento yo no estaba dispuesta a hacer.

Quería que las cosas se hicieran de un modo determinado: el papel higiénico hacia abajo, las toallas dobladas de cierta manera (prohibido usarlas para el golf) y nada de basureros gigantes en la cocina. Usted sabe, lo básico. Por supuesto que yo también tenía mis propias peculiaridades en las cuales no estaba dispuesta a ceder. «¿Un presupuesto? Yo no me rijo por un presupuesto». «Sé que tu mamá es una cocinera extraordinaria, pero a mí no me gusta cocinar y no quiero hacerlo».

Estábamos tan enamorados el día de nuestra boda y tan seguros de que éramos almas gemelas, pero ahora teníamos esas peculiaridades en las que ninguno de los dos estaba dispuesto a ceder. ¿Cómo pueden las almas gemelas tener tantos problemas? Sí, eran pequeños desacuerdos, pero en esos primeros cinco años crecieron hasta convertirse en heridas dolorosas que parecían intolerables.

Muchas personas están en busca de su alma gemela, pero estas simplemente no existen. Es probable que haya cientos de personas con las que alguien pueda casarse y ser compatibles. Una vez que usted elige a la persona con la que quiere pasar el resto de su vida, el trabajo comienza a medida que pasan tiempo unidos en las trincheras de la vida. Convertirse en almas gemelas requiere mucho trabajo.

Mike y Jennifer

Cuando Mike y Jennifer se conocieron no buscaban tener una conexión. Salían con amigos en común para pasar una noche divertida sin más expectativas. Estaban con un grupo grande de personas, pero, por alguna razón, Mike y Jennifer crearon un vínculo. Temprano la mañana siguiente, Mike despertó a su compañero de cuarto para decirle que había encontrado a «la indicada».

«¡Me voy a casar con Jennifer!», le confesó Mike.

A Jennifer también le atrajo Mike. No podía negar la atracción mutua. Poco después empezaron a salir y pronto se dieron cuenta de que estaban enamorados. Mike no esperó mucho para pedirle matrimonio.

Sería la boda perfecta, lo tenían todo para que así fuera. Se casaron el 21 de abril del 2002. Fue en verdad un cuento de hadas. Los dos estaban convencidos de que eran almas gemelas y de que llegarían al final perfecto: «felices por siempre».

Su relación matrimonial comenzó de maravilla, pero poco a poco empezaron a tener desacuerdos frecuentes que empeoraban hasta terminar en discusiones. La comunicación fue un nuevo reto para ellos. Cuando estaban en su noviazgo, les era fácil poder hablar e interactuar. Ahora, ya casados, había tensión al hablar de ciertos temas. La luna de miel había terminado y empezaron su lento descenso hacia un profundo valle.

Lo que nos dijo Jennifer:

Hemos tenido algunos buenos momentos en nuestro matrimonio y dos niños hermosos, pero también nos hemos causado mucho daño y dolor. No éramos buenos comunicadores y, cuando discutíamos, era peor. Las palabras de Mike en verdad me herían emocionalmente. Al principio me defendía y trataba de olvidarlas. Sin embargo, con el paso de los años, esas palabras me hicieron sentir muy insegura, carente de confianza y vencida. Tuve éxito en mi carrera, pero no podía ver mi propio valor.

Lo que nos dijo Mike:

Claro, enfrentamos desafíos, pero nada con lo que no pudiéramos lidiar. Lo teníamos todo. Nos conocimos, nos enamoramos, nos casamos y tuvimos dos hijos maravillosos. Yo solía decirle a todo el mundo lo excelente que era Jennifer como esposa y como madre. El problema era que yo no le expresaba a Jennifer cómo me sentía y no me di cuenta de la importancia que eso tenía para ella. Yo pensaba que ya debería saberlo, que no era necesario decírselo.

En agosto del 2011, su matrimonio cayó en picada. Los dos eran infelices y no se llevaban bien. Jennifer recuerda que una noche le sugirió a Mike que hablara con alguien o que incluso lo hicieran los dos juntos. Él respondió que no, que fuera ella sola. Para Jennifer, fue a partir de ese momento que su carrera se convirtió en su foco principal, ser la proveedora de la familia y la mejor madre posible. Se convenció de que necesitaba funcionar dentro de su matrimonio disfuncional. De modo que se distanciaron, en tanto que las discusiones y los desacuerdos aumentaban.

Eventualmente, Jennifer se hartó de todo aquello. Anhelaba la atención que no recibía en casa. Necesitaba un alma gemela. Tan pronto como se presentó la oportunidad, empezó a involucrarse en otra relación. Todo comenzó con alguien que le mostró la atención que ella ansiaba. La relación pasó de ser algo emocional a un amorío físico.

El 15 de marzo del 2012, su matrimonio estaba destruido. Mike descubrió que su esposa lo engañaba con otro hombre. Esto lo devastó y le rompió el corazón. Estaban en el punto más crítico de su matrimonio y no sabían a dónde acudir por ayuda. Sabían que no podían continuar dadas las circunstancias y que algo necesitaba cambiar. Así que se separaron.

Trataron desesperadamente de resolver todo el daño, el resentimiento y la falta de perdón a través de la consejería matrimonial. Por desdicha y pese a todo lo que hicieron, nada resultó. Seguían separados y convencidos de que su única opción era el divorcio.

Durante ese tiempo, Mike llevaba a sus hijos al otro lado de la ciudad a practicar gimnasia cada domingo por la mañana. Un domingo, mientras conducía, escuchó al pastor Joel hablar por la radio de esa esperanza que a él le faltaba. En abril del 2013, después de escucharlo durante varias semanas, Mike decidió asistir a Lakewood Church.

Un domingo, después de regresar a casa, le dijo a Jennifer que quería que asistieran juntos a un servicio y ver si daba resultado. Tal vez algo allí podría ayudar a su matrimonio. Jennifer estaba dudosa. Después de todo, ella no creció yendo a una iglesia como Lakewood. ¿Qué harían con los niños? ¿Quiénes se sentarían a su lado?

Mike tenía una respuesta para cada pregunta.

Al fin, Jennifer cedió y aceptó ir a un servicio. Ella no sabía qué esperar, pero pensó que, si lo toleraba solo una vez, Mike no se lo volvería a pedir.

Jennifer sintió que había algo diferente desde el momento en que atravesó aquellas puertas. Todos parecían distintos. Ella sintió algo inusual. No sabía con certeza por qué la gente estaba de pie y aplaudiendo al ritmo de la música. No era como lo que siempre había conocido. Al final del servicio, cuando el pastor Joel preguntó si alguien quería consagrar su vida a Jesucristo, ella supo que debía levantarse. Comenzó a llorar y sintió el amor de Dios como nunca antes lo había sentido.

Ese día fue decisivo para Mike y para Jennifer. Empezaron a dar pequeños pasos que al fin los sacaron de aquel valle que atravesaban. No sucedió de la noche a la mañana, pero continuaron asistiendo a la iglesia. Comenzaron a participar en algunas clases de matrimonio ofrecidas en Lakewood. Mike se dio cuenta de que necesitaba cambiar su conducta. Vio lo importante que era motivar a su esposa y hacerle saber que era una madre y una mujer extraordinaria. Jennifer también comprendió que su proceder requería ajustes. Uno de los maestros matrimoniales les explicó que el amor no es algo que sentimos de manera automática. ¡Tenemos que decidir amar y confesarlo!

Al día siguiente, después de escuchar ese consejo, Jennifer despertó y, aunque le fue difícil hacerlo, declaró: «¡Dios, hoy voy a amar a este hombre!».

Cuanto más aprendían Jennifer y Mike sobre Dios y el matrimonio, más entendían que Dios podría restaurar su matrimonio y su familia. Lo único que tenían que hacer era confiar en Él.

El 19 de agosto del 2013, renovaron sus votos en una de las clases de matrimonio de Lakewood. Estaban en camino a convertirse en almas gemelas. Jennifer y Mike ahora tienen un matrimonio próspero y una familia ejemplar. Estamos honrados de que sirvan en el ministerio matrimonial de Lakewood Church como unos excelentes maestros.

Puedo cambiarlo, puedo cambiarla

¿Alguna vez ha tenido el deseo de ayudar a su cónyuge? ¡Claro que sí! Hay algo dentro de todos nosotros que nos impulsa a ayudar a nuestros cónyuges a convertirse en lo mejor que puedan ser. Después de todo, podemos ver los puntos ciegos de nuestros cónyuges y quién mejor que nosotros para ayudarlos a cambiar. No les importará si ayudamos al señalar algunos problemas que podemos ver, ¿verdad?

Clayton: En los cuarenta y cinco minutos que nos lleva llegar al trabajo, llamo a mis padres al menos una vez cada semana para mantenerme en contacto con ellos. Esta vez, respondió mi mamá. Tuvimos nuestra pequeña charla usual y, por supuesto, ella quería las últimas noticias sobre sus nietos. Luego me contó de un grupo de mujeres que se había formado en su iglesia. Diez mujeres habían empezado a reunirse cada semana para orar por un propósito específico.

«Nos estamos reuniendo para orar por nuestros esposos —dijo—. Queremos que Dios los cambie».

Al instante pensé: *Oh no, ¿qué habrá hecho papá ahora?*

Mi madre continuó diciendo que ella y las otras mujeres del grupo querían que sus esposos se convirtieran en los líderes espirituales de sus familias. Estaban listas para que sus maridos empezaran a dirigir sus hogares de una manera piadosa y estaban dispuestas a hacer todo lo necesario para que eso sucediera.

Después de unas tres semanas, contacté a mi madre para que me actualizara sobre sus reuniones de oración.

Ella me dijo: «Bueno, Clayton, las cosas no han salido como esperábamos». Me indicó que se habían reunido con un propósito, pero, aparentemente, Dios tenía otros planes. También me dijo que habían estado cegadas. Cada semana se reunían y oraban por sus maridos, entretanto Dios trabajaba en cada una de ellas. No estaba segura de lo que pensaba sobre las reuniones de oración, pero las damas estaban dispuestas a seguir reuniéndose hasta que Dios acabara la obra.

Ellas se reunían cada semana y Dios continuaba trabajando. Debido a su franqueza ante Dios, los corazones, las actitudes y las vidas de estas mujeres cambiaron. Sus esposos notaron estos cambios y también ellos empezaron a transformarse. Dios estaba cumpliendo Su Palabra: «Sus esposos [...] puedan ser ganados más por el comportamiento de ustedes que por sus palabras» (1 P 3.1).

Dios honró el deseo de esas mujeres de ver un cambio en sus maridos, pero lo hizo a Su manera. Él siempre nos da más de lo que podemos imaginar y lo hace de una manera en la que recibe la gloria.

Grandes expectativas

Todos tenemos expectativas sobre cómo deben ir las cosas cuando decimos: «Acepto». Puede que no le haya gustado lo que vio en su hogar mientras crecía, por lo que se prometió tener un matrimonio distinto. Tal vez se aferre a una imagen de amor verdadero como el de las películas y crea que eso podría pasarle. Lo cierto es que el matrimonio es más que un cuento de hadas.

El problema con las películas

Las películas rara vez destacan la labor diaria que se requiere para tener el matrimonio que uno desea. No siempre explican los beneficios que trae el esfuerzo. Claro, nos muestran una hermosa boda al principio y pasan directamente al «felices por siempre». Pero, ¿qué ocurre entre una cosa y la otra? Pasar por las trincheras de la vida juntos es de lo mejor que ofrece el matrimonio; el modo en que Dios lleva a dos personas a convertirse en una carne. Para lograrlo, hay que dialogar, hay que dar, hay que perdonar y hay que amar. Todas estas cosas se manifiestan diariamente para crear un matrimonio funcional.

Tal vez sea hora de establecer un nuevo conjunto de expectativas para su matrimonio.

Quizás sea el tiempo de esperar más de usted mismo.

Como dice el pastor Joel: «No se puede controlar el modo en que alguien lo trata a usted, pero usted puede controlar cómo trata a esa persona».

Si nuestras acciones reflejan amor, gracia y misericordia, sabemos que estamos en el camino correcto.

Clayton: Recuerdo cuando caí en la trampa de pensar: *Bueno, Ashlee debe conocer mi corazón.* Fue un gran error, pero se convirtió en una experiencia esclarecedora.

Estábamos sentados en mi oficina de la iglesia, mientras nuestro equipo ministerial se preparaba para una gran noche en la que íbamos a reconocer a nuestros voluntarios. Teníamos poco tiempo y todavía estábamos atando algunos cabos sueltos. Por estar concentrado en los detalles, olvidé hablarle a Ashlee de nuestros planes. Me sentía abrumado por la presión de organizar el evento y por todas las expectativas. Supuse que Ashlee lo sabía y que estaría dispuesta a ayudar. Ella siempre lo había hecho en el pasado. Sin embargo, en esta ocasión no la mantuve al tanto como debí hacerlo.

Reaccioné mal cuando Ashlee me preguntó: «Entonces, ¿qué haremos exactamente para el evento del viernes por la noche?».

Mi primer pensamiento fue: *¿Estás bromeando? ¿No leíste el correo electrónico que envié con todos los detalles?* Estaba tan frustrado que simplemente la ignoré y seguí haciendo todo yo solo. Lo que no sabía era que Ashlee quería más detalles para poder ayudarme como solo ella podía. Sin embargo, me contuve y básicamente ignoré su pregunta. Estaba equivocado por completo, pero no lo sabía.

Unos cinco minutos después de que me negué a escuchar su «absurda» pregunta, una de las directoras voluntarias que servía en nuestro equipo de liderazgo se nos unió a Ashlee y a mí en la oficina y preguntó: «Entonces, ¿qué haremos exactamente para el evento del viernes por la noche?».

Durante los próximos cinco o diez minutos, evaluamos meticulosamente cada detalle de la actividad e incluso le pregunté si ella tenía alguna sugerencia para hacer la noche aún mejor. Ella parecía satisfecha con los detalles que le había proporcionado, dijo adiós y se fue.

Cuando volteé, el rostro de Ashlee estaba de un tono rojo que no había visto jamás. «¿Es en serio? ¡Te acabo de hacer exactamente la misma pregunta y me ignoraste como si no existiera! ¿Por qué lo hiciste?».

La había lastimado en lo más profundo y ni siquiera me había dado cuenta.

Ese incidente me afectó mucho porque en realidad no tuve la intención de herirla. Después de eso, comencé a cambiar mis expectativas sobre mí mismo. Deseaba mejorar mi manera de mostrarle gracia y amor a mi cónyuge. Necesitaba decidirme a honrarla todos los días si íbamos a restaurar la esperanza en nuestro matrimonio.

Cada día podemos vivir felices para siempre. Como le dijo la consejera matrimonial a Jennifer, el amor y la felicidad no son cosas que sintamos automáticamente todos los días. ¡Tenemos que esforzarnos de manera consciente para *decidir hacerlo* y debemos *declararlo*!

Debemos iniciar cada día con gratitud; agradecidos porque estamos vivos, sanos e íntegros. Debemos ser agradecidos por el cónyuge con el que nos casamos. Necesitamos declarar: «Dios, ¡voy a amar a este hombre o a esta mujer hoy!», y luego confiar en que Dios hará el resto. ¡Su matrimonio soñado puede estar al alcance de una afirmación similar!

PROFUNDICEMOS

Una gran manera de conectarse con su cónyuge sería hallar un lugar, como una cafetería local, un parque o un restaurante, donde puedan tomar un tiempo para hablar sobre este capítulo y responder las preguntas que se sugieren en los «Puntos de diálogo» de este capítulo. Recuerden que están dispuestos a aprender, crecer y desarrollarse como una pareja casada. Solo porque hayan estado casados por un buen tiempo no significa que deberían dejar de salir. Les animamos a que planifiquen una cita nocturna para esta semana. Dejen sus teléfonos a un lado e inviertan en su futuro.

Puntos de diálogo

1. Pregúntense cuáles eran sus expectativas matrimoniales antes de casarse. ¿Cómo esperaba cada uno que fuera el matrimonio? ¿Cuán diferentes de la realidad fueron sus expectativas? Tómense un tiempo para responder y escuchar.

2. Por turno, cada uno comente sobre una ocasión en que las expectativas que tenía de su cónyuge no fueron cumplidas.

3. Tómense de las manos, mírense a los ojos y que cada uno explique cinco cosas sobre su cónyuge por las cuales está agradecido.

La elección correcta

El amor es paciente y bondadoso. El amor no es
celoso ni fanfarrón ni orgulloso ni ofensivo.

—1 Corintios 13.4-5, NTV

A veces pensamos que la pobreza solo es estar hambriento,
desnudo y sin hogar. Sin embargo, la mayor pobreza es no
ser deseado, ni amado ni atendido. Debemos empezar por
nuestros hogares para remediar este tipo de pobreza.

—Madre Teresa

Al ver el título de este capítulo usted podría haber pensado:
«Ah, qué bueno, un capítulo en el que averiguaré si elegí correctamente a mi cónyuge». Bueno, este capítulo no trata de eso, sino
de: «¿Decido amar a mi cónyuge diariamente?». En los primeros
años de nuestro matrimonio, nos dimos cuenta de que todo lo

que pensábamos sobre el amor estaba un poco distorsionado. El amor no se basa en un sentimiento ni en una reacción emocional a cómo lo traten a uno. El amor es una elección y una que hacemos cada día.

Si vamos a decidir amar cada día, debemos conocer y entender lo que es el verdadero amor y lo que no es. A usted puede gustarle algo y no saber cómo usarlo. Por ejemplo, podría decir: «Ah, me encanta mi teléfono», pero si no entiende cómo usarlo, ¿de qué le sirve? El amor responde a entender el valor de algo y al conocimiento necesario para cuidarlo. Creemos que los matrimonios exitosos dependen de ese conocimiento.

«Por falta de conocimiento mi pueblo ha sido destruido» (Os 4.6).

«Con sabiduría se construye la casa, con inteligencia se echan los cimientos. Con buen juicio se llenan sus cuartos de bellos y extraordinarios tesoros» (Pr 24.3-4).

Por desdicha, hemos sido testigos de la destrucción de numerosos matrimonios debido a que las parejas carecían de ese conocimiento; pero también hemos visto muchos matrimonios restaurados que continúan prosperando con el entendimiento de lo que realmente es el amor.

Amor ágape

Hay muchas palabras griegas que se usan para el término castellano «amor». Algunos de estos vocablos griegos son: eros, fileo, storge y ágape.[1]

Eros es un tipo de amor sensual y egoísta. Se trata de lo que me hace feliz.

Fileo es un amor que puede cambiar. Usted siempre puede conseguir nuevos amigos. Es un tipo de amor condicional: «Si eres amable conmigo, lo seré contigo».

Storge es un amor u obligación natural, como el amor que se tiene por los hijos o el que usted tiene por sus padres.

Ágape es un amor que es incondicional.

En el libro *Fundamentos de la fe cristiana: una teología exhaustiva y comprensible*, el autor James Montgomery Boice explica que, cuando el Antiguo Testamento hebreo se tradujo al griego y cuando los escritores del Nuevo Testamento redactaron en griego, descubrieron que ninguna de las palabras comunes para amor era adecuada para transmitir el sentido bíblico. Tomaron otra palabra, una sin asociaciones fuertes, y la utilizaron casi de modo exclusivo. Debido a que había sido poco utilizada con anterioridad, podrían infundirle un sentido completamente nuevo. Crearon una palabra que eventualmente transmitiría el tipo de amor que querían: ágape.

Ágape es un amor que existe independientemente de las circunstancias cambiantes. El libro *Baker Encyclopedia of the Bible* señala que ágape significa amar a los indignos, a pesar de la desilusión y el rechazo. Ese es el tipo de amor que Dios tiene por nosotros. Pese a lo que hayamos hecho o cómo lo hayamos decepcionado, Él siempre nos amará.[2]

Jesús dijo: «Este *mandamiento* nuevo les doy: que se amen los unos a los otros. Así como yo los he amado, también ustedes deben amarse los unos a los otros. De este modo todos sabrán que son mis discípulos, si se aman los unos a los otros» (Jn 13.34-35, énfasis añadido). Jesús nos ordenó que practiquemos el ágape unos con otros. Los otros tipos de amor brotan de nosotros de manera natural. Ágape no siempre viene de manera natural puesto que a veces somos llamados a amar a los no amados.

Jesús dijo: «Ustedes, por el contrario, amen a sus enemigos, háganles bien y denles prestado sin esperar nada a cambio. Así tendrán una gran recompensa» (Lc 6.35). ¿Cómo define Dios el amor ágape? La definición más extensa se encuentra en 1 Corintios 13.

El amor es paciente, es bondadoso. El amor no es envidioso ni jactancioso ni orgulloso. No se comporta con rudeza, no es egoísta, no se enoja fácilmente, no guarda rencor. El amor no se deleita en la maldad, sino que se regocija con la verdad. Todo lo disculpa, todo lo cree, todo lo espera, todo lo soporta. El amor jamás se extingue. (vv. 4-8)

Es probable que usted esté pensando: *¡No hay forma de que yo pueda amar así!*

No se preocupe. ¡Hay esperanza! La verdad es que nadie puede amar de esta manera si Jesús no es el centro de su vida. La Biblia dice que Dios es amor, por lo que sería difícil vivir por esta definición si Él no fuera parte de su vida. Con Dios todo es posible y eso significa que puede ayudarnos a amar a nuestros cónyuges con el amor que se describe en 1 Corintios 13.

El amor es paciente, es bondadoso

Al principio de nuestro matrimonio, pensábamos que sabíamos la definición de amor. Asumimos que solo había dos tipos de amor. El amor que teníamos por nuestros amigos, padres y familia: el amor fileo. Luego estaba el amor que sentíamos el uno por el otro, cuando la piel se eriza, las palmas sudan y los latidos del corazón se aceleran: amor eros. Sin saberlo, nos perdíamos de mucho. Aún no habíamos experimentado storge, el amor del padre por su hijo.

En los primeros años de nuestro matrimonio, conocíamos poco sobre el amor sacrificial o ágape. Anteponer las necesidades del cónyuge a las nuestras no estaba en nuestro sistema. Tendíamos a ser egoístas con nuestro amor, más que desinteresados. La paciencia y la bondad no caracterizaban nuestro amor. Incluso ahora, continuamente *decidimos* ser pacientes el uno con el otro. En nuestras conversaciones, mensajes de texto e incluso en las formas en que nos miramos, debemos *optar* por ser amables. A veces suele ser un reto, pero no es algo imposible.

El amor no es envidioso ni jactancioso

Cuando estábamos nariz con nariz en nuestra ceremonia de boda, no se trataba del comienzo de un combate. No éramos dos boxeadores de pie esperando que un árbitro nos diera las instrucciones finales. No estábamos en esquinas opuestas antes de que la campana sonara para comenzar a repartir golpes.

Una boda es una ceremonia de *pacto* que une a dos personas capacitadas para formar un equipo. Es un proceso. Pasaremos el resto de nuestras vidas matrimoniales convirtiéndonos en una sola carne. Si su cónyuge está con usted «en el mismo equipo», es fácil no envidiarle ni jactarse cuando algo magnífico le sucede a usted. Si usted gana, el equipo gana; y si su cónyuge gana, el equipo gana.

En la medida en que ame a su cónyuge, usted se convierte en su mayor entusiasta. Usted anima a su cónyuge porque están en el mismo equipo. Si su cónyuge gana, ambos ganan.

El amor no es orgulloso

El amor opta por no ser orgulloso. Eso es difícil. Cuando somos orgullosos, perseguimos nuestro propio bien.

El orgullo se ocupa del número uno y se enfoca en sí mismo.

El amor cuida de todos los demás y se enfoca en el otro.

Si hay una cosa que puede descarrilarlo a usted y a su matrimonio, es el orgullo. Cuando usted siente que tiene la razón y que su cónyuge está equivocado, el amor dice: «¡A quién le interesa!». No importa quién está en lo correcto o quién está equivocado. El amor decide mirar a su cónyuge y reconocer que pertenece a su equipo. El amor decide renunciar a su derecho a tener la razón y someterse el uno al otro.

Clayton: Como ya he mencionado, cada vez que aconsejo a una pareja, siempre empiezo preguntando: «¿Están dispuestos a hacer lo que sea necesario para tener el matrimonio que siempre han esperado y soñado?». La mayoría de las veces los dos dicen que sí. Pero a veces cuando pregunto a uno o a ambos: «¿Está usted dispuesto a cambiar en esta área?», me sorprende oír: «No, no lo estoy».

«Pero acaba de decirme que estaba dispuesto a hacer lo que fuera necesario para tener el matrimonio que siempre ha soñado», respondo.

Uno o ambos dirán: «Pero no *eso*».

A veces un cónyuge está dispuesto a cambiar y a hacer lo que sea necesario, pero el otro cónyuge responde: «No. Lo he intentado todo. Nada que usted pueda decir ayudará. No puedo más».

Les explico que el orgullo es una herramienta destructiva, fácil y conveniente de obtener. La Biblia dice: «Al orgullo le sigue la destrucción; a la altanería, el fracaso» (Pr 16.18). Cuando usted no está dispuesto a deponer su orgullo, establece el escenario para la destrucción de su vida y, en última instancia, de su matrimonio.

«El orgullo solo genera contiendas, pero la sabiduría está con quienes oyen consejos» (Pr 13.10). Al discutir, ¿cuántas veces nos sentimos tan seguros de que estamos en lo cierto que ni siquiera escuchamos lo que nuestros cónyuges están diciendo? Ashlee y yo podemos decir que hemos hecho eso y que solo empeora las cosas. Ahora intentamos elegir siempre el amor y deponer nuestro orgullo en todos nuestros desacuerdos.

Lo opuesto al orgullo es la humildad. «Humíllense delante del Señor, y él los exaltará» (Stg 4.10).

El amor no se comporta con rudeza

El amor no es envidioso, no se jacta ni se comporta con rudeza. Nosotros no nos afrentamos en público y tampoco lo hacemos en privado. Como esposo y cada esposa, no solo somos los mayores entusiastas el uno del otro, sino que también somos el mayor estímulo entre nosotros. Cuando usted ha estado casado por un tiempo, le es fácil encontrarle defectos a su cónyuge. Lo que hacía cuando estaban de novios que usted consideraba tan lindo, ahora le irrita. Todos somos conscientes de nuestras carencias y no necesitamos ayuda para recalcarlas. Todos queremos a alguien que vea nuestras deficiencias y que decida amarnos a pesar de eso.

El amor no guarda rencor

Seamos sinceros, en cualquier relación todos hacemos listas. Puede que no las anotemos en papel, pero las tenemos en nuestra mente. Podría ser una lista de todo lo que hemos hecho en la casa. Tal vez sea una lista de cosas en las que deseamos que nuestro cónyuge nos ayude. Quizás enumere todo en lo que nuestra pareja se ha equivocado. También podría ser una lista extensa de los defectos que hemos descubierto en nuestra pareja a lo largo de los años. Nuestro Dios amoroso nos recuerda que el amor opta por no mantener un registro de equivocaciones pasadas. Recuerde ese extraordinario precepto. Siempre es bueno deshacernos de nuestras listas de errores. No guardar ningún registro de faltas y decidir amar a su cónyuge es una actividad diaria.

Hace poco, una pareja se nos acercó para recibir consejería. Habían progresado, pero parecía como si dieran un paso hacia adelante y tres hacia atrás. Cuando uno hacía las cosas bien, el otro tenía dificultades. Luego se invertían los roles y continuaba el círculo vicioso. Así que decidimos tratarlos de modo individual para trabajar con el dolor y el resentimiento. Esperábamos llegar a la raíz del problema.

Primero, conversamos con el marido y surgieron algunas cosas un poco preocupantes. Dijo que necesitaba anotar todas las cosas que pasaban por su cabeza, todo lo que su esposa había hecho mal durante su matrimonio. Sacó un diario en el que había empezado a hacer su lista. Eso nos consternó, pero a él le parecía lógico.

Le preguntamos cómo lo estaba ayudando eso a convertirse en un mejor marido y cómo ese diario iba a ayudar a su esposa. ¿Dónde estaba el diario que contenía todos los errores de *él*? Curiosamente, no tenía un diario con sus propias faltas, sino que las guardaba en su memoria. Le sugerimos que era hora de tomar una mejor decisión: dejar de hacerle seguimiento a los errores de su esposa y convertirse en el esposo que ella necesitaba; escoger amar más que mantener un listado de equivocaciones. Ese día la verdad de Dios brilló en su mente y en su corazón, por lo que comenzó a tomar mejores decisiones.

El amor jamás se extingue

Nos encantan los juegos en nuestra familia. Amamos la risa, la diversión y la competitividad que conllevan. Nos agradan todos los tipos de juegos: de mesa y de cartas. Uno que solemos jugar se llama Espadas, en el que uno juega con un compañero contra el equipo opuesto. Hay «cartas de triunfo», que son todas las espadas, precisamente el nombre del juego. En 1 Corintios 13.8, Dios nos da la mejor «carta de triunfo» en lo que al matrimonio se refiere: *el amor*. Y nos dice: «El amor jamás se extingue».

Dios debe haber pensado en el matrimonio cuando esta epístola fue escrita. Él enumera lo que el amor no es: no es celoso, rudo ni orgulloso. Luego menciona algunos aspectos que caracterizan al amor: es paciente, bondadoso y confiado. Una de las últimas cosas que dice sobre el amor es que *jamás se extingue*. No importa lo desesperada que sea su situación, cuando usted opta por responder con amor, este no se extinguirá jamás.

El amor no se deleita en la maldad

Queremos aclarar que realmente creemos que hay esperanza para su matrimonio pese a lo deteriorado que pueda estar, pero no afirmamos que usted deba permanecer en una situación abusiva, en la que haya riesgo de sufrir daño físico o emocional. En esos casos, recomendamos que encuentre un lugar seguro con la familia o los amigos. Establezca una cita con un pastor capacitado, un líder de la iglesia o un consejero, que pueda ayudar a guiarle a través de los pasos apropiados para comenzar el proceso de sanación y restauración. Separarse por un tiempo no implica que usted reconozca la derrota de su matrimonio. Separarse puede permitir que usted y su cónyuge tengan una mejor perspectiva de su matrimonio y de los pasos necesarios para su restauración.

El amor se regocija con la verdad

En todas las relaciones hay cierto nivel de vulnerabilidad. En la relación matrimonial no debe haber nada oculto. Decidir ser receptivo con su cónyuge en cuanto a su pasado y su presente es parte importante del amor.

Algunas parejas mantienen todo separado. Cuentas bancarias separadas, contraseñas separadas de sus computadoras, sus teléfonos y sus redes sociales. Parejas como esas impiden el regocijo del amor en su relación.

Si ambos están jugando en el mismo equipo, deben compartir entre sí las estrategias para las jugadas.

El amor todo lo disculpa, todo lo cree, todo lo espera, todo lo soporta.

Hace unos años, cuando estábamos sirviendo en el ministerio de niños, alguien se nos acercó con algunas historias muy desalentadoras sobre uno de los miembros de nuestro personal de medio tiempo. También nos contó algunas cosas específicas que ese miembro del personal había dicho supuestamente. La información parecía poco creíble.

Conocíamos a esa persona por muchos años y lo que se decía no era algo que ella pudiera hacer o decir. Nunca habíamos oído a la persona usar ese tipo de vocabulario. Las acusaciones no se alineaban con el carácter de esa persona. Nuestras dudas fueron confirmadas unos días más tarde. Descubrimos que la persona que difundió la información errónea tenía un problema particular con el miembro de nuestro personal y estaba propagando información falsa.

Si las cosas van bien o van mal, es el carácter de la persona lo que sobresale. Y el amor, por su parte, tiene características especiales. Cuando escogemos amar, esos rasgos van a emerger.

El amor siempre opta por proteger.

El amor siempre escoge confiar y esperar lo mejor de la gente.

El amor persevera.

Cuando todo haya acabado, el amor permanecerá firme.

Sin importar cómo nos sintamos, si decidimos amar a nuestro cónyuge en toda situación, la esperanza en nuestro matrimonio aumentará. El amor siempre tendrá estas características. Cuando decidimos alinearnos con el amor, recibimos sus beneficios. De repente empezamos a proteger y resguardar a nuestro cónyuge en vez de derribarlo. Nuestra confianza y nuestra esperanza permanecen manifiestas frente a las circunstancias porque, como el amor, estamos perseverando hasta el fin.

Hagan todo con amor

«Manténganse alerta; permanezcan firmes en la fe; sean valientes y fuertes. Hagan todo con amor» (1 Co 16.13-14).

Mantenerse alerta no significa estar en guardia como un luchador, con los guantes puestos todo el tiempo, listo para defenderse. Significa estar completamente despierto, consciente y vigilante. Debemos mantenernos alerta, permanecer firmes, ser valientes y fuertes en cualquier situación que enfrentemos. Luego están esas últimas cuatro palabras que nos exhortan a hacer *todo con amor*. ¿Todo? ¿De verdad? A veces eso puede ser todo un desafío. Pero recuerde, el amor no se basa en *sentimientos*, se basa en una elección.

Dios nos promete que el amor jamás se extingue. Si diariamente optamos por hacer todo con amor ágape, podemos confiar en que el amor nunca se extinguirá.

Ejercite su lenguaje de amor

Si usted llevara un registro de todos los gimnasios donde los Hurst han tenido membresía a través de los años, el total sería asombroso. Sería vergonzoso, francamente. Con la mejor de las intenciones, hemos comenzado muchas membresías. Casi siempre nos inscribimos en la primera temporada del año o justo antes del verano. Nos decimos que necesitamos estar en forma. Es típico, comenzamos con un torbellino de energía, creyendo que vamos a transformar nuestros cuerpos con un nuevo programa y luego, casi inmediatamente, encontramos razones para no ir más al gimnasio. Después de unas semanas lo intentamos de nuevo. Ninguna de nuestras membresías ha durado demasiado.

Al reflexionar en eso, nos hemos dado cuenta de que nuestra salud física es como el amor. Uno no puede ser perezoso con la salud física y tampoco puede serlo con el amor. Al menos no si quiere obtener buenos resultados. Decidimos que nuestra salud física es importante para nosotros y por eso elegimos trabajar en ella cada día. Preferimos subir las escaleras en vez de usar el ascensor. Elegimos enrollados de lechuga en vez de pan. Tratamos de comer ensaladas y proteínas saludables todos los días porque estamos convencidos de que necesitamos enfocarnos en nuestra salud física a diario.

Hemos aprendido que debemos hacer lo mismo con nuestro amor mutuo. Necesitamos trabajar en nuestro amor cada día. No siempre es fácil, pero nuestro propósito es hacer el sacrificio de amarnos todos los días. Gracias al doctor Gary Chapman y a su libro *Los 5 lenguajes del amor*, entendemos la importancia de llenar el tanque del amor de cada uno con regularidad. Su libro también nos ayudó a identificar las formas en que cada uno de nosotros muestra el amor y las formas en que lo recibimos. Los cinco lenguajes del amor son palabras de afirmación, caricias físicas, recibir regalos, hacer actos de servicio y tener tiempo de calidad. El lenguaje amoroso de Clayton está constituido por actos de servicio y por palabras de afirmación. El de Ashlee lo compone el tiempo de calidad.

El lenguaje de amor de Clayton

Antes de leer *Los 5 lenguajes del amor*, siempre estaba tratando de hacer cosas en la casa para mostrarle a Ashlee que la amaba. Fregaba los platos, lavaba la ropa y limpiaba toda la casa de arriba a abajo. Luego esperaba que ella me dijera lo prodigioso que era y lo mucho que eso significaba para ella. Al principio le gustaba y me daba las gracias, pero al cabo del tiempo dejó de decirlo. Es más, a veces parecía molesta de que yo hiciera esas cosas. Es importante entender que yo hacía todo eso con la esperanza de escuchar un «gracias».

El simple reconocimiento de mi arduo trabajo y el aprecio de Ashlee habrían significado mucho para mí. Después de descubrir el concepto de los lenguajes del amor, Ashlee me dijo que hacer todas esas cosas ciertamente no le decían que yo la amaba. Por el contrario, hacían que se sintiera incómoda y como si no hiciera nada bien. Ella pensaba que yo hacía todas esas cosas porque la creía incapaz de hacerlas. Le expliqué que lo hacía para *mostrarle* lo mucho que la amaba y que esperaba que ella me halagara para estar seguro de su amor.

A decir verdad, yo estaba siendo egoísta, puesto que le mostraba mi amor en la forma en que naturalmente lo ofrezco y no en la forma en que ella lo recibe. Me dijo que no le importaba nada de eso, que solo quería hablar. ¡Eso me conmocionó!

El lenguaje de amor de Ashlee

Lo que más me gustaba de salir con Clayton eran nuestras largas charlas en las citas nocturnas. Nunca olvidaré la primera, estaba muy ansiosa. En ese tiempo yo no quería salir, pero acepté renuentemente cuando me lo pidió. Después de que nos sentamos a cenar, él empezó a hacerme preguntas sobre mi familia. Eso era crucial para él, así que me contó todo sobre su familia. Me hizo reír con relatos sobre su vida universitaria y sobre su niñez. Pronto nos dimos cuenta de que habían pasado tres horas y todavía seguíamos hablando y riendo. Creo que seguimos conversando durante dos horas más.

Fue la mejor primera cita que he tenido. Y cada cita posterior con Clayton fue similar. Me encantaba hablar con él y me sentía amada y apreciada cuando él hablaba conmigo. Pero después de que nos casamos, las cosas cambiaron. Cuando regresaba del trabajo, yo esperaba esas mismas conversaciones en las que me contaba todo en detalle, pero no sucedía nada. Él no quería contarme sobre su día, ni sentarse y conversar. Se frustraba con todas mis preguntas. Eso me hizo sentir que no me amaba. Después de leer sobre los cinco lenguajes del amor, Clayton se dio cuenta de que mostrarme que me amaba significaba pasar tiempo hablándome, realmente hablándome, sin distracciones.

Clayton: En mi noviazgo con Ashlee, trataba de conquistarla. Reconocí lo mucho que le gustaba conversar. Puedo recordarla en nuestra primera cita con ese vestido veraniego negro y con el rostro iluminado mientras me contaba todo sobre ella. Sin embargo, cuando nos comprometimos, pensé que no había necesidad de cortejarla tanto como lo había hecho cuando salíamos al principio. Pronto me di cuenta de que el cortejo debía continuar en nuestro matrimonio «hasta que la muerte nos separe».

Me percaté de que la mejor manera de cortejar a Ashlee era llenar su tanque de amor en la forma en que ella recibe el amor. A pesar de que pasar tiempo de calidad hablando con Ashlee no llenaba *mi* tanque de amor, yo sabía que tenía que hacerlo. Además, debía hacerlo de la manera correcta si quería mostrarle que la amaba. Si era importante para ella, también lo era para mí. Así que me propuse tener más citas nocturnas, con suficiente tiempo para hablar de todo. Nuestra relación comenzó a fortalecerse más y más a medida que nos enfocábamos, deliberadamente, en las necesidades de cada uno.

Ashlee: Tenía que recordarme agradecerle a Clayton cuando hacía algo lindo por mí y decirle lo mucho que lo apreciaba. Para ser sincera, no siempre me resultaba natural hacerlo. Tuve que convertirlo en una prioridad porque comprendí que es así como él recibe amor. Tuvimos que esforzarnos para hablar el lenguaje de amor del otro. Y en ocasiones nos fuimos al extremo. Comencé a escribirle pequeñas notas a Clayton y las dejaba en diferentes lugares para que las encontrara. Escribí sobre lo mucho que apreciaba todo lo que hacía por mí. A veces le enviaba correos electrónicos diciéndole lo mucho que lo amaba.

Ahora preferimos verter amor en el tanque amoroso de cada uno con regularidad, para que, cuando lo solicitemos, no estemos desabastecidos.

En el proceso de crecer como pareja, tuvimos que aprender a balancear la chequera. Nos asegurábamos de llevar un registro de los cheques que hacíamos y de mantener el total de nuestro saldo. A final del mes recibíamos nuestro balance y podíamos verificar cuáles cheques habían sido cobrados y cuántos quedaban pendientes. Siempre nos gustaba tener suficiente dinero en nuestra cuenta para cubrir todos los cheques que emitíamos. Si no había suficiente dinero en nuestra cuenta, los cheques que emitiéramos rebotarían y entonces estaríamos en problemas con el banco e incurriríamos en pagos adicionales. Es similar a la bancarrota, cuando uno no tiene dinero para pagar a la gente a la que le debe.

Con cualquier tipo de cuenta, incluida nuestra cuenta amorosa, siempre es importante que los depósitos sean más grandes que los retiros. No queremos arruinar nuestras cuentas amorosas. Siempre queremos depositar más amor del que retiramos.

¿No sería maravilloso que su cónyuge pudiera darle el saldo actual de su cuenta de amor? A veces sus retiros pueden exceder a sus depósitos, por lo que la frustración entra en su matrimonio. La clave es hacer depósitos continuos en la cuenta de amor de su cónyuge.

Si «no tengo amor, nada gano» (1 Co 13.3); estoy en bancarrota (como dice la Biblia en la versión en inglés *The Message*). Si mantenemos nuestros corazones sensibles a los asuntos de Dios y si le permitimos que nos llene cada día, tendremos amor abundante para nosotros y para los demás.

Cuando pensamos en los primeros cinco años de nuestro matrimonio, no hay duda de que ambos estábamos en bancarrota. Nuestros tanques de amor estaban completamente agotados y nos sentíamos desesperados. Pero Dios no había terminado de obrar y no iba a renunciar a nosotros. Nos enseñó a amarnos en sacrificio. Nosotros *escogimos* amar sin importar el resultado. Poco a poco nuestra esperanza comenzó a aumentar a medida que ejercitamos nuestro amor mutuo. Pronto pudimos estar de pie y salir de nuestro valle con la esperanza de nunca volver allí.

Puede haber temporadas en su matrimonio en las que sienta que ya no hay esperanza. Como una pareja que solía sentir lo mismo, queremos animarle y decirle que, aun cuando no pueda verla, siempre hay esperanza.

Comience a dar pequeños pasos cada día y decida ejercitar el amor ágape con su cónyuge. Antes de que usted se dé cuenta, comenzará a progresar en su matrimonio y logrará salir del valle.

PROFUNDICEMOS

«Que aunque nuestro corazón nos condene, Dios es más grande que nuestro corazón y lo sabe todo» (1 Jn 3.20). ¿Cree usted en Dios y en Su Palabra? Entonces debe creer que Dios es más grande que su corazón. ¿Ha tenido pensamientos como los siguientes: *Nunca voy a ser capaz de amar a mi cónyuge de la manera correcta; Nuestro matrimonio no tiene esperanza; Han sucedido demasiadas cosas como para que Dios sane nuestra relación?* Su corazón lo está condenando con esos pensamientos. ¡Crea en la Palabra de Dios hoy y sepa que Él es más grande que su corazón!

Puntos de diálogo

1. Nombre las diversas clases de amor. Para usted, ¿cuál es la más fácil de dar y cuál la más difícil?

2. Haga la prueba de *Los 5 lenguajes del amor* en el sitio web www.5lovelanguages.com. Pídale a su cónyuge que haga lo mismo y asegúrese de que comprenda cómo usted da amor y cómo lo recibe.

3. Cada uno de ustedes piense en tres maneras de demostrar amor en las formas en que su cónyuge lo recibe.

4

Amor, seguridad, respeto y honra

En todo caso, cada uno de ustedes ame también a su esposa
como a sí mismo, y que la esposa respete a su esposo.

—EFESIOS 5.33

Cuando honramos a alguien, le damos una posición de
alta estima en nuestra vida. La honra siempre va de la
mano con el amor, un vocablo cuya definición es hacer
cosas valiosas por alguien importante para nosotros.

—GARY SMALLEY

El hombre necesita respeto y honra

Después de leer incontables libros y aconsejar a muchas parejas, podemos concluir que la primera necesidad del hombre es

el *respeto* o la *honra* y la primera necesidad de la mujer es el *amor* o la *seguridad*. Estas necesidades usualmente constituyen el núcleo de cada hombre y de cada mujer.

Respeto: admirar [a alguien o algo] profundamente, debido a sus habilidades, cualidades o logros (definición según el diccionario Webster).

Honra: apreciar con gran respeto.

Cuando comenzamos a trabajar intensamente en nuestro matrimonio, nos obsequiaron el libro *Amor y respeto*, del doctor Emmerson Eggerichs. Esta obra está basada en Efesios 5.33: «En todo caso, cada uno de ustedes ame también a su esposa como a sí mismo, y que la esposa respete a su esposo».

Ashlee: El doctor Eggerichs dice en su libro que «los esposos fueron hechos para ser respetados, para desear respeto y para esperarlo». Si le soy franca, cuando leí eso por primera vez me molestó un poco. ¿Por qué debía mostrarle respeto a Clayton? No siempre se lo merecía. ¿Significaba eso que debía sentarme, hacer lo que me dijera y responder siempre con un «Sí, Señor»? Bueno, a esa idea respondí con mi mejor acento italiano del este de Texas: «¡Puedes olvidarlo!».

Sin embargo, al leer Efesios 5, me di cuenta de que el apóstol Pablo describe el matrimonio como un reflejo de lo que es la relación con Jesús y la iglesia, Jesús como el esposo y la iglesia como su esposa. El matrimonio es básicamente una metáfora: una lección objetiva y vívida de cuánto nos ama Dios.

Cuando pienso en honrar a Jesús, se me hace fácil porque estoy muy agradecida por todo lo que ha hecho por mí. Quiero seguirle y aprender todo lo que pueda sobre Él. ¿Acaso siento que en ocasiones le fallo? ¡Por supuesto! ¿Le muestro falta de respeto a veces? Por desdicha, sí. Pero sé que a través de Su gracia y de Su misericordia siempre me amará.

—¿Cómo aplico eso a Clayton, Señor? —oraba—. Ciertamente él no es Jesús. A veces, me falla.

Escuché al Señor susurrarle a mi corazón: —Hónralo en todo.

—Pero Dios, no siempre se lo merece. A veces es muy grosero conmigo. ¿O qué pasa cuando toma decisiones estúpidas y yo lo sé y tengo que decírselo?

El Señor respondió: —Hónralo donde quieras que él esté, no donde está.

¡Puf!

—Está bien, Dios, voy a probar eso.

Los hombres tienen un deseo interno de triunfar, en sus trabajos y, especialmente, con sus familias. Los hombres necesitan saber que sus esposas, por encima de cualquier otra persona, los respetan. Clayton me dijo que podía lidiar con cualquiera que lo ridiculizara y le dijera cosas duras, excepto si era yo. Dijo que cuando lo ridiculizaba o le hablaba con dureza, le rompía el corazón y al instante se sentía como un fracasado. De hecho, durante nuestros primeros cinco años de matrimonio se sintió tan deshonrado por mí, que pasaba más tiempo en el trabajo que en casa, porque se sentía más honrado allí.

Cuando Clayton llegaba a casa después del trabajo y no me hablaba, yo empezaba con los comentarios sarcásticos: «Bueno, supongo que tengo que salir y hablar con las vacas, ellas tienen más que decir, gracias». Recuerde que vivíamos en una granja y no teníamos vecinos ni redes sociales en ese tiempo.

Me molestaba cuando la gente en la iglesia me decía lo divertido y amigable que era Clayton en el trabajo y lo mucho que les encantaba laborar con él. Varias personas decían: «Si es así en el trabajo, no puedo imaginarme cómo será en casa». Yo solo sonreía, me reía y me mordía la lengua mientras pensaba: *Sí, ¡en casa es un gran idiota!*

Cuando comencé a tratar de honrarlo, no siempre me resultó fácil, sobre todo cuando estábamos tratando de tomar una decisión y no estábamos de acuerdo. Mi primera respuesta siempre había sido algo como: «Esa no es una buena idea. ¿Por qué no lo ves?». Pero cuando empecé a honrarlo, todo cambió. Él comenzó a elevarse hasta ese lugar donde yo deseaba que estuviera. Quería pasar más tiempo en casa y hablaba más conmigo. La honra y el respeto que ahora le estaba mostrando hicieron que me estimara más.

También descubrí que, cuando honro a Clayton, eso le da tanta confianza que se cree capaz de hacer todo lo que se proponga.

Nunca olvidaré la tarde del día de Navidad del 2010. Estábamos en casa de mis padres. Mi hermana y yo estábamos viendo una película en la sala de estar y todos nuestros parientes estaban en otras habitaciones revisando sus nuevos regalos. Habíamos estado viendo la película por una hora, cuando noté que no había visto a Clayton en todo ese tiempo. Le pregunté a mi hermana si sabía dónde estaba él y dijo que le pareció haberlo visto afuera corriendo. Estaba confundida. ¿Corriendo? A Clayton nunca le había gustado salir a correr.

Más tarde él me dijo que, mientras todo el mundo estaba abriendo regalos, comenzó a pensar en que el próximo año cumpliría cuarenta, por lo que quería estar en mejor forma. Decidió que iba a empezar a correr todos los días.

Me reí y le dije: «Está bien, querido. Me parece excelente».

Después de que hablamos no le di mucha importancia al asunto, pero cuando volvimos a casa de las vacaciones, hizo un calendario para correr todos los días. Estaba usando la aplicación de su teléfono llamada «Couch to 5k» y estaba decidido a correr ocho kilómetros (cinco millas).

Alrededor de dos meses después de que comenzó a correr, había perdido peso y corría las cinco millas sin detenerse. Estaba muy orgullosa de él. Pero él no quería parar allí. Me dijo que su nuevo objetivo era correr en el maratón de Houston, en enero del año siguiente.

Lo miré y casi me ahogo con la comida.

—¿Un maratón? ¿Cuál es la distancia? —le pregunté.

—Son casi cuarenta y dos kilómetros (veintiséis millas) —dijo.

—¿Y se corre toda esa distancia el mismo día? ¿Y quieres prepararte para eso en diez meses? —le pregunté, dudando que lo pudiera hacer.

—Sí —me dijo.

Mis preguntas parecían frustrantes para él, así que me alejé.

Unos seis meses después, estábamos cenando con unos amigos y uno de ellos le preguntó a Clayton sobre su entrenamiento para el maratón. Para entonces Clayton ya se había inscrito, había pagado por el maratón y estaba corriendo diligentemente todos los días. Yo, por otra parte, estaba preocupada y aún no pensaba que fuera una buena idea. Él le dijo a nuestro amigo que ya se había inscrito, que el entrenamiento iba bien y que creía que estaría listo.

Interrumpí y dije: «Él tiene la opción de correr el maratón completo o solo la mitad. Por lo tanto, podría elegir correr medio maratón si quiere».

Le eché un vistazo a Clayton y bajó la cabeza, pero no antes de que yo viera la decepción en su rostro.

Al instante sentí que el Espíritu Santo me hablaba: «Tienes razón. Clayton nunca podrá correr el maratón, pero no es por su falta de habilidad. Es porque tú no crees en él».

Esa noche, cuando llegamos a casa, me disculpé con él por no darle la honra y el respeto debidos. Le dije que lo apoyaba cien por ciento y que creía que él podría lograrlo. Cuatro meses después, Clayton terminó el maratón de Houston 2012. No solo estuve allí, sino que también invité a algunos de nuestros amigos más cercanos para que lo animaran. Llevé unas camisetas impresas que decían «Equipo de Clayton», e hicimos afiches para sostenerlos en alto mientras él corría.

Fue un desafío, pero dijo que lo que lo mantuvo animado fue vernos a todos en cada milla del maratón. Más tarde me dijo que nunca podría haberlo hecho sin mí, que todos en el mundo podrían haberle dicho que estaba loco, pero que, si yo lo apoyaba, él sabía que podría terminar.

Clayton: No hay nada más importante para mí que ser tratado de una manera honorable. Lo opuesto a eso también es cierto. No hay nada que me afecte más que se me hable o que se me trate en un tono que deshonre. Ya sea en el trabajo o en el hogar, la honra es importante. Lo descabellado es que no puedo decirle por qué es tan importante para mí, pero lo es. Después de comprender esto, aprecio aún más el modo en que Ashlee decide honrarme, lo merezca o no.

La mujer necesita amor y seguridad

Clayton: Para Ashlee, la seguridad es tan importante como respirar. Ella necesita estar constantemente segura de que todo va a estar bien. Nuestra relación, nuestras finanzas, nuestro futuro, nuestros hijos y el ministerio que dirigimos deben estar a diario seguros en su mente y en su corazón. La inseguridad en cualquier área tendrá un impacto negativo en ella. No entiendo por qué la seguridad es tan importante para las mujeres, pero como sé que para Ashlee lo es, también es importante para mí.

Mientras trataba de hacerme a la idea, le pregunté a Ashlee: «Ayúdame a entender esto. ¿Qué es más importante para ti, el amor o la seguridad?».

Su respuesta me dejó confundido por un momento. «Clayton, la seguridad me hace sentir amada», dijo.

Ashlee se siente amada cuando me siento con ella, le presto toda mi atención y le hablo de todas las cosas que le preocupan. Cuando hablamos de los problemas, Ashlee se siente segura y sus preocupaciones se apaciguan. La seguridad y el amor que necesita vienen al obtener respuestas a las preguntas que son importantes para ella. Al fin aprendí que eso no es algo que debo hacer una vez a la semana o una vez al mes, sino algo que trato de hacer con ella todos los días. Cuando sus necesidades son satisfechas de esa manera, ella se siente amada.

Cuando nos reunimos con parejas para hablar sobre sus matrimonios, a menudo tratamos de explicar la importancia de la seguridad. Por lo general, el esposo nos mira con incredulidad mientras que su esposa rompe en llanto. Ella ha tratado de explicarle a su esposo la necesidad de seguridad que siente y él no ha logrado entender. Al escucharlo de alguien más, su esposa libera una cantidad de emociones y presiones acumuladas por mucho tiempo.

Hace poco atendimos a una pareja joven que necesitaba ayuda para hablar sobre una situación. El esposo comenzó a explicar algo que había sucedido, algo que él consideraba inofensivo, pero que supo que estaba devastando a su reciente esposa. Nos dijo que, unos meses antes de nuestra reunión, había ido a almorzar con una representante de ventas de su empresa. Había sido estrictamente profesional, pero no se lo había mencionado a su esposa. Su esposa explicó que ella no es celosa, pero el problema había sido que él nunca se lo contó. Solo se enteró unas semanas más tarde porque vio una publicación en las redes sociales de su esposo, hecha por una mujer que ella no conocía. Eso estremeció su mundo. Su esposo no entendía que la seguridad de su esposa había sido estremecida hasta lo más profundo, no porque hubiera salido a comer con otra mujer, sino porque no lo había mencionado. Su esposa vivió varias semanas en un constante estado de inseguridad, preguntándose qué otra cosa no le había contado.

Ashlee miró al joven y le preguntó: «¿No te das cuenta de que la seguridad es tan importante para tu esposa como respirar?».

Él pareció sorprendido y su esposa comenzó a llorar. El esposo comprendió por primera vez la importancia de la seguridad para la mente y el corazón de su esposa. Se volvió hacia ella y, con lágrimas en los ojos, se disculpó, reconoció que se había equivocado y le pidió perdón. Fue algo hermoso.

———

Clayton: Hace cierto tiempo, comencé a reflexionar sobre el año que estaba por concluir. Estaba estableciendo algunas metas nuevas y quería comenzar una lista de peticiones de oración para darles seguimiento durante el próximo año. El plan consistía en enumerar cada petición y anotar cuando Dios la respondiera. De ese modo podría recordar todo lo que Dios había hecho en mí y por mí, así como tener un registro de todas las cosas que Él puso en mi corazón para que orara.

Uno de los puntos que enumeré al comienzo de ese año fue algo que escuché que el Señor me dijo que hiciera. No lo escuché en voz alta, pero habló en lo profundo de mi corazón. Así que escribí: «Dios, enséñame a valorar a Ashlee hoy más que ayer». Oré para que cada día apreciara a Ashlee anteponiendo sus necesidades a las mías. No me di cuenta de cuánta seguridad eso proporcionaría a Ashlee. Mientras más la valoraba, más segura se sentía, lo que a su vez la llenaba más de amor. Lo que Dios puso en mi corazón para hacer por mi esposa tuvo un impacto perdurable en ambos.

Ashlee: He aprendido que, aunque necesito que Clayton aporte seguridad en nuestro matrimonio, él no puede ser mi única fuente de seguridad. Jimmy y Karen Evans dirigen un ministerio mundial llamado MarriageToday, con un programa semanal que llega a más de cien millones de hogares. Jimmy dijo: «Tu esposo es un gran Clayton, pero no hace un buen papel de Jesús». Cuando dijo eso, me di cuenta de que a veces pongo a Clayton en esa posición, esperando que él satisfaga todas mis necesidades y, básicamente, preparándolo para el fracaso porque es una tarea imposible y una que solo Cristo puede cumplir. Casi siempre tengo esas falsas expectativas cuando no paso tiempo con Dios.

Lecciones de los astronautas

El 25 de mayo de 1961, el presidente John F. Kennedy pronunció un discurso histórico ante una sesión conjunta del Congreso. Les dijo a los congresistas que el objetivo de Estados Unidos sería llevar astronautas a la Luna en esa década y traerlos de manera segura a la Tierra. Decenas de miles de empleados de la NASA fueron contratados junto con cientos de miles de trabajadores independientes. Esto se convirtió en uno de los principales titulares de la década. Todos los ojos estaban puestos en la NASA y en los hombres elegidos para ser astronautas. Había una gran presión sobre estos hombres cuando viajaron a Florida para capacitarse y luego por todo el país para promover el programa espacial.

Lo que pasó con sus matrimonios me sorprende: de esos treinta hombres, solo siete permanecieron casados después de que su tiempo en el programa espacial terminó.

Ashlee: Me sorprendió cuando lo leí por primera vez. Empecé a investigar a los astronautas y a las esposas. Uno podría suponer que llevaban vidas emocionantes. Todos se convirtieron en celebridades de la noche a la mañana. Los hombres perseguían sus sueños de abrir el camino hacia el espacio y sus esposas tomaban el té con Jackie Kennedy y asistían a las galas de la alta sociedad. Así que pensé: *¡Qué emocionante y divertido! ¿Qué podría haber ido mal que destruyera a esos matrimonios?* Lily Koppel escribió lo siguiente en su libro *The Astronaut Wives Club: A True Story* [El club de las esposas de los astronautas: Una historia verídica]:

Las esposas de los astronautas eran amas de casa comunes, la mayoría vivían aburridas en viviendas militares en las bases de la Marina y de la Fuerza Aérea. Cuando sus maridos, los mejores pilotos de prueba del país, fueron elegidos para las arriesgadas aventuras de Estados Unidos a fin de vencer a los rusos en la carrera espacial, de repente se encontraron demasiado expuestas al ojo público. Mientras sus esposos se capacitaban en todos los aspectos referentes a los vuelos espaciales, sus esposas se preparaban para el día en que tendrían que enfrentar las cámaras de televisión, cuando el mundo entero estaría observando su cabello, su complexión, su atuendo, su figura, su aplomo, sus habilidades como amas de casa, su dicción, su encanto y, sobre todo, su patriotismo. Tenían que parecer tranquilas y serenas mientras sus esposos estaban atados a la parte superior de lo que era, esencialmente, el cartucho de dinamita más grande del mundo, a segundos de ser lanzados al espacio.³

Lily continúa diciendo que las esposas no podían recurrir a sus maridos en busca de ayuda para enfrentar esas presiones porque estaban demasiado ocupados en su entrenamiento. ¿Se imagina la falta de seguridad que esas mujeres estaban experimentando? No solo fueron bombardeadas con una fama repentina, sino que no sabían si sus esposos llegarían a casa seguros cada día. Además, muchos de los astronautas estaban teniendo amoríos extramaritales.

El astronauta Charlie Duke escribió en su libro *Moonwalker* [Caminante lunar]:

Con el exceso de trabajo que implicaba tratar de llevar a un hombre a la luna en 1970, los matrimonios en toda la comunidad de la NASA fueron sometidos a una gran presión. Hasta entonces nunca hubo un divorcio registrado en la oficina de los astronautas. Después de todo, éramos estadounidenses ejemplares, nadie tenía ningún tipo de problemas. Se pensaba que el divorcio acabaría con su carrera y con la posibilidad de viajar por el espacio. Pero, poco a poco y sin hacer mucho ruido, las grietas empezaron a aparecer. Aumenté mis esfuerzos en el trabajo decidido a hacer la mejor labor posible y dejé que mi esposa y mi familia pasaran a un segundo plano. No sospechaba las consecuencias que se derivarían de esa decisión, ni que las grietas que se habían formado en nuestro matrimonio nos llevarían a un desastre no muy lejano.[4]

Charlie fue el décimo hombre en caminar sobre la luna y, después de que dejó el programa espacial, no sabía cómo podría sobrepasar esa experiencia. Cuando viajaba para contar cómo había sido caminar en la luna, le decía a su audiencia que caminar sobre la luna había sido la mejor experiencia de su vida. Su honor estaba totalmente mezclado con el programa espacial, pero su esposa no se sentía amada por él y su seguridad había sido estremecida. Ella cayó en un estado profundo de depresión e incluso pensó en suicidarse.

Dotty Duke escribió:

Había rumores de maridos que eran infieles a sus esposas, pero no hablábamos de eso. Sabíamos que el divorcio arruinaría la posibilidad de que un astronauta viajara al espacio, por lo que todo tipo de indiscreciones se mantenían reservadas. Todas las esposas tenían que lidiar con el conocimiento de que sus esposos eran unos héroes y que las mujeres más atractivas los consideraban una recompensa especial dondequiera que fueran. Estuviera o no en casa, yo me sentía sola. Su carrera era lo más importante en su vida, y yo lo sabía.[5]

Es probable que piense que ellos fueron una de las muchas parejas de astronautas que se divorciaron, pero su matrimonio fue uno de los siete que sobrevivieron. Ellos explicaron en su libro que, cuando ambos encontraron a Cristo y lo aceptaron como su Salvador, eso salvó su relación. Charlie escribió:

Cuando el Espíritu Santo comenzó a hablarle a mi corazón sobre mis pecados, la carga de ellos se me hizo intolerable. Él me dijo: «Charlie, el problema con tu matrimonio eres tú. No amas a Dotty de la forma en que deberías». Yo sabía que eso era verdad. Mi amor por Dotty había estado muerto por años. Ahora el Señor me estaba diciendo que la amara como Él ama a la iglesia. Eso era amar al cien por ciento. Así que me arrepentí y le pedí a Dios que me perdonara. Fui a ver a Dotty y le dije que lamentaba todos los problemas y las heridas que había causado a su vida, y que iba a tratar de ser el marido que Dios quería que fuera. Entonces le pedí a Dios que me ayudara a amarla a la manera de Él. Juntos, Dotty y yo dedicamos nuestro matrimonio al Señor. No ocurrió de la noche a la mañana, pero Dios ha resucitado un matrimonio y un amor que estaba muerto.[6]

No podemos expresarle la importancia de que un hombre ame a su esposa de una manera que le brinde seguridad y que una mujer honre y respete a su esposo. Efesios 5:33 es la base de un matrimonio fuerte que dura toda la vida. Si está en el valle de los huesos secos, este es su primer paso para salir de él.

PROFUNDICEMOS

Es muy importante que se percate de que usted y su cónyuge están en el mismo equipo: si su cónyuge gana, ambos ganan. Todo hombre desea ser honrado y toda mujer anhela tener seguridad. Cuando se levante todos los días, trate de pensar en maneras en que pueda mostrarle honra a su esposo y cómo hacer que su esposa se sienta segura.

Puntos de diálogo

1. Pregúntele a su esposa: «¿Puedes explicarme por qué el amor y la seguridad son tan importantes para ti? ¿Hay algo que pueda hacer para que te sientas más segura en nuestro matrimonio?».

2. Pregúntele a su esposo: «¿Me ayudas a entender por qué la honra y el respeto son tan importantes

para ti? ¿Cómo puedo ayudarte a sentirte más respetado en nuestro matrimonio?».

3. Cuéntele a su esposo un momento en el que él la hizo sentirse segura.

4. Dele a su esposa un ejemplo de un momento en el que ella lo colmó de honra y de respeto.

La comunicación efectiva

El silencio no es oro y definitivamente no
significa consentimiento, así que comience a
practicar el arte de la comunicación.

—T. D. JAKES, *EL PODER DEL PERDÓN: PERDONA Y SERÁS PERDONADO*

Procesar información

Comunicación: proceso mediante el cual se intercambia información entre individuos a través de un sistema común de símbolos, signos o comportamientos (definición según el diccionario Webster).

La forma en que los hombres y las mujeres se comunican es muy diferente. A veces, el modo en que procesamos la información puede ser la causa de la falta de comunicación y de la frustración entre ambos.

Hemos aprendido lo importante que es hacernos preguntas sobre cómo cada uno procesa la información. Al hacer ese tipo de preguntas, usted comenzará a obtener información valiosa sobre cómo procesa su cónyuge la información que recibe. El desafío es que eso puede no tener ningún sentido para usted. Es probable que su cónyuge no procese la información de la misma manera que usted, por lo que le parecerá extraño.

«¿Por qué piensas de esa manera?».

«¡No entiendo cómo puedes pensar así!».

Estas son algunas de las cosas que podría escuchar en nuestro hogar cuando intentamos resolver un malentendido. A menudo tenemos que asegurarnos mutuamente que está bien si no procesamos la información de la misma manera. Lo importante es que nos estamos comunicando.

El conflicto número uno entre las parejas

Cuando comenzamos nuestras nuevas funciones en el ministerio matrimonial y parental en la congregación de Lakewood Church, no queríamos suponer que sabíamos cuáles eran las necesidades más importantes en los matrimonios. Sabíamos que cada relación de pareja tendría sus propios obstáculos. En nuestros primeros años enfrentamos numerosos problemas, pero el más grande para nosotros fue la comunicación. No hubo falta de comunicación, sino una falta de comunicación efectiva. De modo que nos dispusimos a ver si otras parejas casadas enfrentaban los mismos desafíos.

En las primeras semanas de nuestras nuevas funciones, decidimos investigar y enviar más de catorce mil encuestas anónimas por correo electrónico a parejas de nuestra congregación. Una de las preguntas de la encuesta simplemente pedía que se clasificaran las mayores necesidades o problemas de cada pareja, enumerándolas de mayor a menor. Las opciones incluían temas como la intimidad, la comunicación y las finanzas. El resultado fue impresionante, por decir lo menos. Las encuestas reflejaron que no éramos los únicos con problemas de comunicación. En efecto, noventa y ocho por ciento de las encuestas que recibimos decía que el problema número uno en su matrimonio era la comunicación. El dos por ciento restantes seguramente eran recién casados, porque afirmaron no tener ningún problema en su matrimonio.

Diferentes estilos de comunicación

Clayton: Al inicio de nuestro matrimonio, decir que nuestra comunicación era deficiente habría sido una subestimación severa. Éramos muy diferentes en cómo, cuándo y dónde transmitíamos la información. Muchas veces cuando yo llegaba a casa al final del día, Ashlee ya había llegado. Hubo veces en que me quedaba sentado dentro del auto por un rato después de llegar a casa porque sabía que estaba a punto de enfrentarme a un interrogatorio. Parecía que, tan pronto como mi llave abriera la puerta, Ashlee estaba allí para saludarme, siempre con una avalancha de preguntas.

Como hombre, mi estilo de comunicación era sencillo. Siempre contaba las cosas de la misma manera en que quería escucharlas. Le presentaba a Ashlee los detalles con «puntos específicos» rápidos y concisos. Pero, por otra parte, Ashlee tenía que escuchar los detalles. Y cuando digo detalles me refiero a *todos* y cada uno de ellos. Cosas como: «¿Dónde comiste hoy? ¿Cómo estuvo la comida? ¿Por qué compraste papas fritas en vez de ensalada? ¿Cómo sabía tu comida? ¿Hacía calor en el restaurante, porque la última vez que estuve allí estaba caluroso? ¿Quién estuvo contigo? ¿De qué hablaron? ¿Cómo te hizo sentir eso? ¿Y cómo respondieron a eso? ¿Cuáles fueron *exactamente* sus expresiones faciales?». Por lo general, esa era la rutina. Era como si ella hiciera todas esas preguntas sin siquiera tomar aliento o sin dejarme comenzar a responder. Era muy frustrante, me sentía abrumado y fracasado. Tenía dificultades para recordar todas las preguntas que me hacía para poder responderlas.

A medida que las preguntas fluían, yo me bloqueaba. Era casi como si me hubiera convertido en el testigo principal de un juicio y ella me estuviera interrogando para ver si mi historia coincidía con los hechos. Continuamos viviendo así por años. Hubo días en que no quería ir a casa. Estaba cansado y no tenía energías para enfrentarme con innumerables preguntas. Ashlee se sentía herida y abandonada porque yo solo contaba, con parsimonia, los hechos acontecidos en el día de trabajo y me rehusaba a dar detalles. (Incluso mientras escribo esta parte del libro, ella agrega más detalles a esta historia).

Con el tiempo nos dimos cuenta de que ese tipo de comunicación no era efectivo para ninguno de nosotros. Ashlee entendió que debía darme algo de tiempo y espacio cuando llegara a casa del trabajo. Necesitaba diez o quince minutos para relajarme. Ese tiempo me daba la capacidad de liberar todo lo que había estado cargando durante el día.

Reconocí que Ashlee no me estaba juzgando. Ella realmente quería saber cada detalle de mi día. Me había extrañado y quería sentir que era parte de cada experiencia que yo había tenido ese día. Y para ser sincero había días en los que, aun después de descansar, seguía sin tener ganas de contarle mi día, pero también tuve que llegar al punto en el que las necesidades de Ashlee eran más importantes que cómo me sentía. Satisfacer sus necesidades cada día era una de mis principales prioridades y una de las principales necesidades de ella era la comunicación.

Una mirada tras la cortina

Tuvimos la oportunidad de viajar a Australia con parte del personal de Lakewood. Nuestro tiempo allí fue transformador, pero el vuelo de quince horas fue otro cantar. Después de haber estado volando por un tiempo, las azafatas pasaron por los pasillos para recoger el utillaje de la cena. Luego comenzó una película (estábamos en un avión muy viejo que tenía televisores arriba en cada sección en vez de tenerlos delante de cada asiento). Nos decepcionó un poco no estar en un avión que proporcionara pantallas individuales para poder elegir qué ver, pero estábamos felices de que hubiera una buena selección de películas. La primera fue una adaptación de *El mago de Oz* llamada *Oz: el poderoso*. Después que terminó, acordamos que era una buena película y estábamos preparados para la siguiente, ya que todavía nos quedaban unas doce horas de vuelo.

Cuando comenzó la siguiente película, notamos que era *Oz: el poderoso* otra vez. Una azafata se dio cuenta del problema y descubrió que la computadora de entretenimiento del avión no funcionaba bien, pero no sabía cómo cambiar a otra película o cómo detener su proyección. Creo que soportamos esa película seis veces más antes de que al fin aterrizáramos en Sídney y créame, nunca quisimos volver a verla.

Hubo una escena en la película que se repitió una y otra vez en nuestras mentes. Fue una en la que los personajes finalmente vieron la verdad detrás de la cortina y se sorprendieron al darse cuenta de que el todopoderoso Oz no era la persona que creían. Discutimos cuánta similitud había con las parejas casadas si pudieran mirar detrás de la cortina de la mente de sus cónyuges para ver cuán diferente es su forma de procesar información.

Después de hablar con muchas parejas casadas, hemos descubierto que una de las cosas más frustrantes en el matrimonio es no entender cómo o por qué un cónyuge piensa de la manera en que lo hace. Los hombres a menudo esperan que sus esposas piensen de la misma manera que lo hacen ellos y viceversa.

Así que hablamos sobre cómo son los cerebros de cada uno y esto fue lo que se nos ocurrió.

Los cerebros de las mujeres son como los cables detrás de un televisor

Clayton: Ashlee me dijo que, si pudiera «mirar detrás de la cortina» de su cerebro, vería cables, cuerdas, enchufes y conectores que se entrecruzan con cada componente. Me dijo que sería similar a lo que veo cuando miro detrás de la televisión en nuestro cine en casa. Todo está conectado a una fuente de alimentación para que todo esté encendido todo el tiempo. Cada cable representa un pensamiento, los cuales corren constantemente por su cerebro y pueden superponerse. Ella siempre está pensando en algo o en múltiples cosas al mismo tiempo.

Me gustaría hablar con los hombres sobre esta descripción. Puede visualizar el desastre que hay detrás de su cine en casa, ¿verdad? Los cables se entrecruzan hacia adelante y hacia atrás asegurándose de que cada componente esté conectado al otro. Puedo imaginar nuestro cine en casa con tantos cables y conexiones para cada caja, juego, DVD y televisor. Esa es la imagen perfecta del cerebro de su esposa. ¿Alguna vez su esposa le hizo una pregunta que no tenía nada que ver con la conversación de ese momento? De hecho, ¿tenía relevancia la pregunta para las últimas tres conversaciones que sostuvieron?

Ashlee me hizo una pregunta una vez y finalmente tuve el valor de intentar espiar detrás de la cortina. Le dije: «Cariño, ¿de dónde viene esa pregunta?».

Sabía que podría tener problemas cuando escuché su respuesta: «¿Estás seguro de que quieres saber?».

Así que procedió a decirme que estuvo pensando en algo que había sucedido la semana pasada y que eso le recordó algo de la universidad, lo que le trajo a la memoria un olor que recordaba de su infancia. Eso continuó por un rato hasta que al fin llegó a la pregunta del momento.

¡Quedé impresionado! Detrás de la cortina del cerebro de su esposa hay cables que se conectan con todo, desde el momento en que nació hasta este instante. Y continúa creciendo. Por eso su esposa suele hacerle preguntas sin relación con lo que está sucediendo en el momento y ella espera que usted se adapte y que se integre al tema tan fácilmente como ella lo puede hacer.

Los cerebros de los hombres son como un almacén bien organizado

Ashlee: «Mi cerebro es simple y ordenado». Así fue como Clayton me describió su cerebro. Me dijo que, si miraba detrás de la cortina de su cerebro, vería un gran almacén bien organizado. Dentro de ese almacén hay salones de acopio, dentro de cada uno de ellos hay cajas y cada caja está etiquetada con un pensamiento o recuerdo, pero ninguna de las cajas roza con la adyacente.

—Mis pensamientos no se intercalan ni tocan otros pensamientos —dijo—. Ah, y tengo una caja favorita.

—¿Una caja favorita? —le pregunté—. ¿Cómo que tienes una caja favorita? ¿Qué significa eso? ¿Siempre ha sido tu caja favorita? ¿Es esa caja más grande que las otras? ¿De qué color es esa caja?

Antes de que avanzara más en mi interrogatorio, Clayton me detuvo y exclamó:

—¡Se llama La Caja de Nada!

—¿La Caja de Nada? ¿Qué hay ahí? —le dije con una mirada confusa en mi rostro.

Clayton hizo una pausa, reflejó mi mirada confundida y respondió:

—¡Nada!

—¿Cómo es eso posible? No se puede pensar en nada —dije.

Clayton hizo una mueca y añadió:

—Ah, claro que se puede. Y es una caja maravillosa en que meterse.

—¡Eso es imposible! —le afirmé.

—¿Recuerdas todas esas veces que me preguntabas en qué estaba pensando y te dije que en nada? —preguntó él.

—Sí, y me estabas mintiendo.

—No, no lo estaba. Es la pura verdad. Literalmente, yo puedo pensar en nada —me dijo.

Señoras, sé que están pensando lo mismo que yo: que Clayton y sus esposos están mintiendo. No obstante, he leído esto en varios libros y he hablado con otros hombres que coinciden en que es cierto. Los hombres pueden pensar en nada.

Debemos creerles, aunque para nosotras eso sea absolutamente imposible. Fue algo revelador para mí. Muchas veces me sentía frustrada con Clayton cuando me decía que estaba pensando en nada. Solía pensar que simplemente no quería hablar conmigo y eso hería mis sentimientos.

Cuando dos cerebros chocan

En términos generales, cada matrimonio comienza de la misma manera. Dos personas que dirigen sus trayectorias individuales deciden fusionar sus vidas. Decidimos unir nuestros amigos, nuestras familias y nuestros estilos de vida. Deseamos fundirlo *todo*. Para algunos de nosotros, esa es una gran idea y no debería representar ningún problema. De hecho, ambos supusimos que el otro vería que nuestro camino era el mejor y eso sería todo.

Cuando decimos la unión de todo, queremos decir *todo*. Hubo una discusión en un momento de nuestro matrimonio sobre cómo doblaríamos nuestras toallas de baño. Esto no parece ser un gran problema, pero cuando siempre ha conocido un método y alguien quiere que lo cambie, puede resultar un poco difícil. Eso puede parecer una tontería, pero tuvimos una pequeña discusión sobre cómo doblaríamos las toallas. Ahora parece insignificante, pero en su momento fue un gran problema. Era como si estuviéramos reclamando algo importante y ninguno de los dos quisiera ceder. Después de todo, eso significaba que nuestras madres doblaban sus toallas de forma incorrecta, ¿verdad? Ninguno quería aceptar que su madre estaba equivocada.

Esta fusión puede ser como lo que encontramos cuando manejamos automóviles. Vamos por un camino y todo parece estar bien. Luego encontramos una señal de ceder el paso y comenzamos el proceso de fusión. Empieza el «toma y dame». Si no le cedemos el paso a la otra persona, habrá una colisión. Nuestros matrimonios constituyen toda una vida de ceder y de someterse el uno al otro. Nosotros *optamos* por amarnos y decidimos que la persona es más importante que la situación.

La forma en que cada uno de nosotros procesa la información ha brindado algunas de las mayores oportunidades de choque en nuestro matrimonio. Cada uno de nosotros tiene su forma «normal» de procesar información. Ninguno de los dos está en lo correcto y ninguno está equivocado, simplemente somos diferentes. A menudo llegamos a la misma conclusión. Pero hubo momentos en los que nos hemos frustrado al tratar de fusionarnos en un tema determinado. Nos hemos mirado el uno al otro y hemos dicho cosas como: «¡No entiendo por qué piensas de esa manera!».

Uno de los dos mirará al otro y dirá: «Está bien. Así me hizo Dios».

Hay momentos en que nuestros cerebros colisionan de esa manera. Cuando eso sucede, debemos comenzar el proceso de ceder y necesitamos decidir qué es lo mejor para nosotros y qué es lo mejor para nuestra familia.

Raíces fuertes

La comunicación dentro de una relación es como el sistema de raíces de un árbol. Las raíces son la fuente de agua y de nutrientes del árbol. Cuando un árbol tiene un sistema de raíces fuerte y próspero, las hojas y ramas del árbol son sanas y completas. El sistema de raíces también le da al árbol su núcleo de apoyo cuando llegan las tormentas. Con unas raíces fuertes, el árbol puede balancearse hacia adelante y hacia atrás, pero no se romperá ni se desarraigará.

Como hemos señalado, nuestras raíces estaban en muy mal estado al inicio. Nuestras raíces estaban principalmente en la parte superior de la tierra. Nuestra comunicación era superficial. No éramos receptivos ni sensibles entre nosotros. Debido al dolor que nos causábamos, no había momentos de ternura que nos permitieran profundizar en nuestras conversaciones. Quizá nos veíamos bien desde afuera, pero una buena ráfaga de viento nos habría derribado.

Algo estaba mal, pero no sabíamos qué era ni cómo solucionarlo. Probablemente hubo momentos en los que no queríamos solucionar el problema. Supusimos que todos sufrían lo mismo, así que decidimos aguantarlo.

Dios tenía pensado mucho más de lo que alguna vez creímos que sería posible. Cuando nos hicimos receptivos y sensibles el uno con el otro, nuestra comunicación se hizo más fuerte y nuestro matrimonio más saludable. Empezamos a amarnos y a cuidarnos mutuamente.

El apóstol Pablo dijo: «Para que por fe Cristo habite en sus corazones [...] arraigados y cimentados en amor» (Ef 3.17).

Dios nos dice lo que sucederá con nuestras raíces al depositar nuestra confianza en Él. Nos hacemos más fuertes y obtenemos una visión más amplia del amor que Dios tiene por nosotros. Creemos que sucede lo mismo cuando usted abre su corazón a su cónyuge. Cuando confiamos plenamente en nuestros cónyuges y abrimos los lugares secretos de nuestros corazones, nuestras raíces se fortalecen y nuestro matrimonio se vuelve más saludable.

Tiempo y entrega

La comunicación efectiva es el secreto para lograr una profunda conexión mutua. No es algo con lo que nacemos, pero sí es algo que se puede aprender. También es algo en lo que debería seguir trabajando durante todo su matrimonio. Mientras mejor sea su comunicación, más fuerte será su matrimonio.

Hemos progresado mucho en la comunicación efectiva entre nosotros. A pesar de que estamos fuera de nuestro valle profundo, trabajamos periódicamente en nuestras habilidades comunicacionales. A veces descubrimos nuevas formas de comunicarnos y hay otras ocasiones en que descubrimos cómo *no* comunicarnos. Uno de los mejores consejos que podemos darle es recordar que la comunicación exitosa siempre comienza con la entrega y el tiempo precisos.

Clayton: Recuerdo un viernes por la mañana cuando Ashlee me enseñó la importancia del tiempo y de la entrega. Nuestras hijas se fueron a la escuela y nos quedamos descansando en casa. La mayoría de los viernes pasamos el día juntos, ya que trabajamos los domingos. Ese fue uno de esos días libres en que no teníamos grandes planes. Acabábamos de desayunar y estábamos disfrutando de nuestro café. Ashlee respiró hondo y dijo: «Clayton, necesito contarte algo, pero no quiero que te enojes conmigo».

En un nanosegundo, tuve que elegir. Podía recibir amablemente lo que estaba a punto de decirme o ponerme a la defensiva de inmediato. Tenía la sensación de que quizás yo había dicho o hecho algo mal. De modo que hice una pausa, respiré hondo y dije: «Está bien, estoy listo». Ashlee comenzó: «Bueno, ¿recuerdas la semana pasada cuando fuimos a visitar a nuestros padres? En la casa de mis padres hubo momentos en que le respondiste con dureza a mi madre. No creo que esa haya sido tu intención, pero la forma en que lo hiciste fue grosera e hiriente».

Parte de mí sentía dolor por el hecho de que Ashlee tuviera que decirme estas cosas. Otra parte odiaba que ella sintiera la necesidad de comenzar con: «No quiero que te enojes conmigo». Pero había otra parte de mí que sentía gratitud. Estaba agradecido por tener una esposa que me amaba lo suficiente como para señalar uno de mis puntos débiles.

Ashlee podría haberme confrontado de inmediato cuando eso sucedió. Al principio de nuestro matrimonio, probablemente ambos habríamos respondido de esa manera, demasiado rápido. Nos habríamos señalado nuestros defectos de una manera mucho menos prudente. Por dicha, hemos aprendido con grandes recursos y sí, también a través de nuestros errores. Ahora comprendemos que el trabajo de cónyuge acarrea la importante responsabilidad de tratarse el uno al otro con gran cuidado.

Como cónyuge, se le han confiado los detalles más íntimos de la vida de otra persona. Es importante resguardar su conocimiento con discreción. Puede ser un desafío dejar su orgullo y optar por ser vulnerable. Si desea comunicarse de manera efectiva, la forma de entregar información confidencial es muy importante.

Crea lo mejor, no suponga lo peor

Ashlee y yo solíamos caer en la trampa de suponer lo que el otro podría estar pensando. No sabíamos si nuestras suposiciones eran verdaderas o falsas. De todos modos, ya que decidíamos asumir, no discutíamos el asunto ni formulábamos preguntas. Nos parecía que nuestras suposiciones eran válidas.

Clayton: Recuerdo momentos en que supuse que Ashlee no sentía nada por mí en absoluto. Llegué a esa conclusión porque asumí que entendía el significado de ciertas miradas o acciones. Mis pensamientos crecían y literalmente me consumían: *Bueno, si Ashlee se siente así, está bien. ¡Yo también puedo jugar de ese modo!*

Recuerdo haber tenido conversaciones con Ashlee en mi mente. Ella no tenía idea de esto porque yo no quería darle la satisfacción de saber sobre las «discusiones». En ese entonces eran muy reales para mí, pero ahora sé que no tenían ningún valor y, de hecho, afectaron nuestra relación. Todo cambió cuando comencé a tener conversaciones reales con Ashlee en vez de aquellas que ocurrían solo en mi mente.

Los sentimientos son reales y tienen mucho poder.

PROFUNDICEMOS

La comunicación es el alma de cualquier relación exitosa. La comunicación efectiva es fundamental para aprender y crecer. Cuanto más tiempo permanezca en una relación, tanto más intencional debería ser en su comunicación. Cada día conviene priorizar cómo, cuándo, dónde y por qué se comunica. No impida que su cónyuge reúna información sobre usted todos los días, sino decida ser generoso y receptivo con la comunicación.

Puntos de diálogo

1. En una escala del 1 al 10 (1 = más bajo, 10 = más alto), ¿qué puntaje le daría a su comunicación en su relación matrimonial?

2. Pídale a su cónyuge que enuncie tres maneras en que usted podría convertirse en un mejor comunicador.

Conflictos saludables

Si es posible, y en cuanto dependa de
ustedes, vivan en paz con todos.

—ROMANOS 12.18

A la larga, el arma más efectiva de todas
es un espíritu amable y gentil.

—ANA FRANK, *EL DIARIO DE ANA FRANK*

¿Qué es lo que usted considera normal?

Una de las partes favoritas y que más disfrutamos de nuestro
trabajo es brindar consejería prematrimonial a las parejas que

están a punto de embarcarse en el fantástico viaje del matrimonio. Nos encanta porque queremos que las parejas sepan todo lo que desearíamos que alguien nos hubiera dicho a nosotros antes de casarnos. Obviamente no podemos reunirnos con todos los que se casan en nuestra iglesia, por lo que también ofrecemos tres clases prematrimoniales cada semana a la iglesia en general. Queremos asegurarnos de que todos tengan la oportunidad de obtener una buena consejería antes de casarse. Eso verdaderamente nos apasiona.

El conflicto es uno de los temas que tratamos en las sesiones o clases de consejería. El conflicto entre el esposo y la esposa es normal y saludable, por lo que no debe evitarse. Es simplemente el proceso de ser escuchado y entendido. Cuando comparte su punto de vista con su cónyuge y este no ve la situación de la misma manera, existe la posibilidad de manejar ese conflicto de una manera saludable o lo contrario.

Cuando el conflicto en el matrimonio se trata correctamente, se forma el carácter. Dios siempre quiere formar nuestro carácter. Su cónyuge es la primera herramienta de Dios para que usted se parezca más a Cristo. El matrimonio revela las cosas de nuestra vida que Dios quiere mejorar o cambiar, y ¿qué mejor manera de hacerlo que aprendiendo a lidiar con el conflicto de una manera saludable? Algunos de los momentos de mayor crecimiento de nuestro matrimonio fueron producto de llegar a acuerdos mutuos en nuestros desacuerdos.

Si ustedes son una pareja comprometida que viene a nosotros en busca de consejería prematrimonial, comenzaremos por preguntarles sobre sus padres y sus hogares al crecer. ¿Alguna vez vieron a sus padres en conflicto? ¿Cómo reaccionaron sus madres? ¿Cómo respondieron sus padres? Para la mayoría de las parejas, los padres de cada uno trataban el conflicto de maneras diferentes. Pero, independientemente de cuán diferentes fueron sus hogares, es lo que siempre consideraron «normal» mientras crecían. Cuando usted se casa y comienza a responder de manera diferente a lo que era normal para su cónyuge, existe la posibilidad de que surja un profundo malentendido.

Ashley y Johnny

Ashley y Johnny son una de nuestras parejas jóvenes favoritas a las que hemos tenido el privilegio de recibir en consejería prematrimonial. Cuando comenzamos a hablar del conflicto saludable, nos divertíamos con las diferencias en la forma en que sus padres lidiaban con el conflicto. Los padres de Ashley eran extremadamente verbales e intransigentes mientras ella crecía. Nos comentó que sus padres tenían puntos de vista muy específicos y que no temían compartirlos acaloradamente entre ellos. Nos dijo que eso era lo «normal» en su familia.

Por otro lado, los familiares de Johnny pocas veces discutían los conflictos. Cuando sus padres tenían un desacuerdo, rápidamente lo pasaban por alto y no hablaban de eso. Así que creció viendo eso, lo cual era normal en su familia.

Ashley y Johnny sabían desde el principio que el conflicto iba a ser un desafío para los dos. Estaban aprendiendo cómo solucionar los problemas, aunque eso ya había complicado su relación. Les recordamos que se tuvieran un poco de paciencia, porque habían tenido diferentes modelos de «normalidad» por más de veinte años. Los instamos a que nunca olvidaran que estaban en el mismo equipo, puesto que podría llevarles un tiempo descubrir su manera de conflicto saludable.

———

Cuando un conflicto intenso con su cónyuge progresa a un punto que usted nunca quiso, sus patrones de «normalidad» podrían ser los responsables. Sentarse con su cónyuge y hablar sobre lo que era normal para cada uno de los dos podría ser un gran punto de partida para la conciliación. Recuerde, durante este proceso se forma el carácter y eso es exactamente lo que Dios quiere hacer.

Su respuesta al conflicto

Es fundamental tener un punto de referencia sobre lo que cada uno consideraba normal, pero no es todo lo que necesitamos para tener un conflicto saludable. También debemos saber cómo responder a nuestros cónyuges. La forma en que respondemos a nuestros cónyuges les puede dar amor y honra o nos puede preparar para el fracaso.

Ashlee: Todos fuimos creados para responder, pensar y actuar de manera diferente, por tanto, ¿cómo podríamos estar todos de acuerdo en todo? Lo digo por mí, pues me sorprendió la primera vez que Clayton y yo tuvimos un desacuerdo. Pensé: *Espera, ¿por qué no coincidimos en esto? ¿Por qué no está de acuerdo conmigo? ¿Por qué me está respondiendo de esa forma?* Nuestros desacuerdos acontecían más o menos así:

Clayton: No creo que deberíamos hacer eso.

Ashlee: ¿Por qué no? Es una gran idea. Ahorraríamos mucho dinero.

Clayton: Pero no podemos gastar dinero en eso ahora.

Ashlee: Lo sé, pero a largo plazo nos ahorraría dinero y es un gran producto.

Clayton: No. No lo haremos. ¡No!

(Clayton le lanza a Ashlee una mirada severa. Ashlee corre hacia el dormitorio y cierra la puerta con seguro. Se arroja a la cama y comienza a llorar desconsoladamente sobre su almohada. Clayton comienza a golpear la puerta, exigiéndole que la abra. Ella dice que no y, al fin, se da por vencido y se retira para calmarse. Ashlee luego se niega a hablar de eso y por dentro está profundamente herida y frustrada con Clayton. Clayton no entiende por qué ella no le habla y por qué no puede ver que él tiene razón. Ella deja de hablarle para evitar peleas. Él comienza a tomar decisiones sobre el hogar sin el consentimiento de ella para demostrar que puede manejarlo por su propia cuenta).

Este tipo de escena era frecuente en el comienzo de nuestro matrimonio. Teníamos un desacuerdo en algo y luego respondíamos de esa manera el noventa y nueve por ciento del tiempo. Pensando en esa primera etapa, cuando algo así sucedía, concluimos que realmente nunca era por algo de gran importancia. Por lo general, las discordias siempre eran por algo pequeño y relativamente insignificante. El conflicto siempre ocurría por las respuestas que nos dábamos mutuamente. Si la respuesta validaba lo que el otro decía, la conversación fluía. Si la respuesta era negativa o sarcástica, el conflicto se intensificaba y rápidamente se salía de control.

Al fin tuvimos que sentarnos y hablar sobre nuestras respuestas. Nos dimos cuenta de que a veces respondíamos de acuerdo con lo que nos habían modelado en nuestros respectivos hogares. Nuestras respuestas eran lo que considerábamos como «normal».

Clayton: Para mí era normal querer discutir las cosas. Siempre presionaba a Ashlee para llegar a la raíz del conflicto: reducirlo, rebasar las emociones y descubrir el verdadero problema. Lo admito, la mayor parte del tiempo probablemente fui yo. Al principio, si había algo en lo que había estado pensando por un tiempo, suponía que Ashlee había leído mi mente y que estaba al día con la conversación. Por lo tanto, usualmente era muy breve y abrupto en mis respuestas.

El asunto se decidía y ya estaba listo para seguir adelante y conquistar el siguiente. El desafío llegaba cuando le mencionaba un problema a Ashlee y ella inmediatamente comenzaba a hacer preguntas. No comprendía que no me había comunicado con ella como era debido. Es probable que Ashlee pensara que solo le estaba diciendo lo que íbamos a hacer en vez de pedirle su opinión. En ese punto de nuestro matrimonio, todavía no había tenido la revelación de que Dios me había dado una compañera.

Para Ashlee, si surgía un conflicto en nuestro matrimonio, ella hacía exactamente lo que ejemplificamos antes. Se frustraba con la conversación porque yo no estaba listo para hablar o para sostener una discusión franca, así que se iba al dormitorio y cerraba la puerta con llave. Ella pensaba que resolver el asunto era como hacer sonar la campana y retirarnos a nuestras esquinas neutrales. Yo le gritaba a través de la puerta con la intención de conversar, pero el daño ya estaba hecho y ella comenzaba a enclaustrarse. Era una receta para el desastre o por lo menos para la disfuncionalidad.

Hemos aprendido mucho desde entonces. Aprendimos cómo lidiar unidos con el conflicto y a ayudarnos mutuamente. Sin embargo, entendemos que hay momentos en que vamos a volver a la forma antigua de responder. Cuando uno de nosotros reconoce que eso está sucediendo, buscamos una manera diferente de resolver el conflicto.

Nuestros corazones son uno ahora. Lidiamos con los problemas juntos. Ya no se trata de quién gane o pierda. A lo largo de los años hemos aprendido a someternos uno a otro y Dios ha formado (y continúa haciéndolo) nuestro carácter a través de conflictos saludables.

Un ventarrón de desacuerdos

Ashlee: Al prepararnos para enseñar sobre el conflicto en una de las clases de matrimonio en Lakewood Church, Clayton me dijo:

—Necesitamos una buena historia sobre el conflicto para contarla.

—Bueno, ¿por qué no hablamos de lo que sucedió anoche? —respondí con una sonrisa.

Me miró y me dijo: —En serio, ¿no crees que es demasiado pronto para sacar esa caja del almacén?

—Podríamos discutirlo ahora, ya que hablaremos sobre el conflicto —propuse.

Ambos nos reímos, pero sabíamos que estábamos frente a una conversación desafiante mientras recapitulábamos los acontecimientos y la discusión de la noche anterior.

Faltaban algunas semanas antes de que nuestro hijo Colton naciera y estábamos entusiasmados con la cita romántica que habíamos estado planeando. Sería nuestra última cita antes de su nacimiento. Estábamos ocupados en la iglesia, después de haber empezado el ministerio matrimonial. También nos estábamos preparando para nuestra primera conferencia sobre matrimonios, que sería en solo dos meses. Era la oportunidad perfecta para una velada nocturna, ya que nuestras dos hijas estarían en una fiesta de pijamas hasta el sábado al medio día.

Debido a nuestra agenda apretada, no habíamos pasado suficiente tiempo juntos y estábamos emocionados por la cita del viernes en la noche. En Houston, un día soleado podía convertirse repentinamente en uno con fuertes tormentas. Y ese viernes en la tarde, el sol desapareció y los cielos se tornaron oscuros.

Clayton: Recuerdo que esa tarde me fui de la iglesia pensando: ¡*Voy a tardar una eternidad para llegar a casa hoy!* Por alguna razón, cuando comienza a llover en Houston, todos al volante de un automóvil olvidan cómo conducir. Mientras me dirigía a casa, Ashlee me llamó para decirme que ya había llevado a Addison a su fiesta de pijamas porque se pronosticaban tormentas. Ella ya tenía las cosas de Aubree listas, así que todo lo que necesitaba hacer era llegar a casa para recogerlas a las dos. Entonces podríamos dejar a Aubree en la fiesta de cumpleaños y comenzar nuestra velada nocturna.

El plan parecía perfecto y nos pareció que estaríamos disfrutando de nuestra velada en más o menos una hora.

Esa noche, Aubree tenía la fiesta de cumpleaños de una amiga del vecindario. Íbamos a llevarla al centro comercial a un local para fiestas, donde la dejaríamos con todo lo necesario para dormir y con un regalo de cumpleaños. Estaba pensando en todo eso rumbo a casa. Mientras manejaba, había hablado con el padre de la cumpleañera y habíamos acordado dónde nos encontraríamos para dejar a Aubree bajo su cuidado. De este modo, Ashlee y yo estaríamos libres para disfrutar de una noche romántica que ambos necesitábamos desesperadamente.

Todo iba según lo planificado hasta que comenzó a llover como en los tiempos de Noé. Unos diez minutos antes de llegar a casa, estaba lloviendo tan fuerte que no podía ver ni con los limpiaparabrisas a su mayor velocidad. Al fin llegué a casa, me cambié de ropa y Ashlee, Aubree y yo subimos al auto de Ashlee y nos dirigimos a la fiesta.

Cuanto más nos acercábamos al centro comercial, más fuerte llovía. Cuando estaba llegando al lugar, recibí un mensaje de texto del padre de la niña que me decía que estaba esperando en la entrada más cercana al local de fiestas. Cuando Ashlee leyó el mensaje, dijo: «Oye, ¿por qué no entras con Aubree y el regalo y luego podemos llevar sus cosas a la casa de su amiga? De esa forma, nada se mojará».

Ahora me doy cuenta de que esa era una sugerencia razonable, pero en ese momento lo tomé como un desafío hacia mis planes. Así que le dije: «Cariño, lo tengo todo planeado. Todo saldrá bien».

Estuvimos discutiendo de esa forma por un buen rato, nuestras voces fueron haciéndose más intensas y nuestras respuestas cada vez más rudas. Aubree estaba esperando pacientemente en el asiento trasero, lista para ir a la fiesta y estoy seguro de que estaba ansiosa por salir del auto y alejarse de la discusión.

Cuando llegamos al centro comercial, llovía a cántaros. ¡Había demasiada agua! Ashlee intentó, por última vez, ayudarme a ver las cosas desde su perspectiva. «Cariño, por favor, solo deja aquí sus cosas, podemos llevárselas después de nuestra velada».

La ignoré y me callé, tomé el paraguas y salí del auto, dando un portazo, además. Mientras caminaba hacia el otro lado, Aubree le dijo a su madre: «Oh, oh, ¡papá está enojado contigo!». Sujeté a Aubree, tomé el regalo de cumpleaños y todas sus cosas de dormir y me dirigí hacia la entrada del centro comercial. Después de caminar unos treinta metros (alrededor de treinta yardas), mis pantalones ya estaban empapados. Caminé a través de ocho centímetros (veinte pulgadas) de agua, llevando a mi hija de ocho años, el regalo de cumpleaños, todas sus cosas y el paraguas.

Mojado y luchando por aferrarme a todo, mi orgullo no me permitía detenerme. Finalmente logré entrar, bajé a Aubree y eché un vistazo alrededor en busca del padre de la amiga de mi hija. No lo vi por ningún lado y luego me di cuenta de que había llegado a la entrada *equivocada*. Tuve que llevar a Aubree al otro lado del centro comercial para finalmente encontrarme con él.

Cuando volví al automóvil, estaba furioso con Ashlee, conmigo mismo y con mi ropa empapada. Ashlee y yo sabíamos que ya no cumplía objetivo tratar de resolver la situación, así que acordamos poner el conflicto «en el almacén». Lo puse en una caja y en una de las salas de almacenamiento dentro de mi cerebro. Ashlee desenchufó ese cable.

Ninguno de nosotros estaba listo para hablar sobre lo que había sucedido y los dos queríamos realmente disfrutar de la velada. Unos años antes habíamos hecho el pacto de que, si alguna vez nos enojábamos y sabíamos que necesitábamos un poco de tiempo antes de hablar del asunto, lo dejaríamos de lado y disfrutaríamos de todo lo que estuviera pasando en ese momento. Nos llevó años llegar a esa decisión. Tuvimos que aprender a dejar nuestro orgullo y a recordar que estábamos en el mismo equipo. Nos llevó mucho tiempo llegar a ese punto. Después de acordar dejar de lado esa discusión, tuvimos una gran velada, con todo y mi ropa mojada.

La mañana siguiente, Ashlee dijo: «¿Por qué no hablamos de lo que sucedió anoche? ¿Qué pasaba por tu mente que te hizo frustrarte tanto conmigo?».

Cuando comenzamos a tratar lo que había sucedido, nos dimos cuenta de que habíamos abordado la situación desde diferentes puntos de vista y que no habíamos compartido nuestras perspectivas de la manera correcta. Le expliqué que había hablado con el padre de la niña y que había elaborado un plan. La responsabilidad está muy alta en mi lista de fortalezas y si le digo a alguien que voy a hacer algo, puede apostar que lo haré, aunque signifique caminar con el agua hasta las rodillas.

Ashlee me miró y dijo: «Simplemente no entiendo por qué eres así».

Ella estaba suprimiendo una carcajada. Solo sonreí y dije: «Está bien; así es como Dios me hizo».

Después de hablar sobre lo bueno, lo malo y lo feo de la noche anterior, nos dimos cuenta de lo que podríamos haber hecho de manera diferente. Para mí, todo se trataba de dejar mi orgullo. Si lo hubiera hecho, esa situación nunca habría sucedido. Un versículo de la Escritura en el que ahora busco ayuda en esa área es Proverbios 13.10: «El orgullo solo genera contiendas, pero la sabiduría está con quienes oyen consejos». ¿Cuántas veces estamos tan seguros de tener la razón que ni siquiera escuchamos lo que la otra persona está diciendo?

Hay otro pasaje bíblico en el que intento enfocarme cuando no he tratado a Ashlee como se merece. Se trata de

1 Pedro 3.7: «De igual manera, ustedes esposos, sean comprensivos en su vida conyugal, tratando cada uno a su esposa con respeto, ya que como mujer es más delicada, y ambos son herederos del grato don de la vida. Así nada estorbará las oraciones de ustedes».

Ashlee: Aprendí que a veces, incluso después de hablar de un conflicto con Clayton, aun así no entenderé por qué piensa de la manera en que lo hace y por qué responde en ciertas formas. Todavía pienso que es una locura que haya discutido conmigo en cuanto a llevar el saco de dormir y la maleta de Aubree al centro comercial. ¿Por qué no podía ver lo difícil que sería hacer eso en medio de una tormenta? Sé que había hecho arreglos previos con el padre, pero los planes pueden cambiar.

He llegado a la conclusión de que está bien si a veces no lo entiendo. Sé que tendremos conflictos futuros durante los cuales su punto de vista no tendrá lógica para mí, pero necesito aceptarlo porque nuestro matrimonio es más importante que una discusión insensata. Proverbios 14.1 dice: «La mujer sabia edifica su casa; la necia, con sus manos la destruye». Otra versión bíblica dice que ella la derriba ladrillo por ladrillo. Quiero ser una mujer sabia para traer fuerza y amor a mi casa. No quiero destruir mi matrimonio ladrillo por ladrillo, ni con una discusión tras otra. Mi matrimonio vale más para mí que esos tontos desacuerdos.

Cantares 2.15 dice: «Atrapen a las zorras, a esas zorras pequeñas que arruinan nuestros viñedos». Son esas pequeñas discusiones las que con el tiempo pueden arruinar un matrimonio.

Es mejor estar equivocados pero juntos que en lo correcto pero separados

Clayton: El hermano mayor y la cuñada de Ashlee han sido algunos de nuestros mejores amigos y confidentes. Siento que los conozco de toda mi vida. Nos casamos todos muy jóvenes; ellos incluso más jóvenes que nosotros. Algunas personas probablemente pensaron que nunca lo lograrían, ya que tenían veintiún años cuando se casaron, muy poco dinero y un bebé en camino.

Poco después de casarse, sabían que debían volver a conectarse con la única fuente que les podía brindar la ayuda que necesitaban. Ambos se enamoraron de Jesús y se involucraron en su iglesia, que era mi iglesia natal. Les debemos mucho porque fueron ellos quienes invitaron a Ashlee a la iglesia y fue así que nos conocimos. Cuando llegué a conocer a Jason y a Staci, enseguida me di cuenta de cuán opuestos son.

Jason y Staci

Jason, una persona introvertida, se podía quedar en su habitación leyendo por horas o en la computadora reuniendo información durante una fiesta o una reunión en su casa. Staci, por otro lado, es una mujer extrovertida. Usted nunca tiene que preguntarse qué está pensando o sintiendo porque ella se lo dirá.

Las discusiones de Jason y Staci durante esos primeros años consistían, principalmente, en que ella se quejaba y él la miraba en silencio, incapaz de entender qué había ocasionado la discusión o incluso de mantenerse al ritmo de las palabras de Staci.

Jason no tenía idea de cómo responder. Sus padres trataron con el conflicto de manera muy distinta, pero en lugar de tomar eso en consideración, simplemente continuaron en ese ciclo vicioso.

Admito que fui una de esas personas que no estaba segura de que Jason y Staci lograrían mantener su matrimonio. No necesariamente estaba pensando que se divorciarían, sino en la posibilidad de que algún día ella pudiera matarlo. Han estado casados por más de veinticinco años y tienen tres hijos adultos. A lo largo de los años han aprendido a manejar el conflicto de forma saludable, considerando las diferencias de sus personalidades. Staci enseñó a Jason cómo comunicarse con ella, y él tuvo que enseñarle que no todo se soluciona gritando.

Todavía tienen algunos desacuerdos, pero al principio de su matrimonio llegaron a un convenio. Staci es educadora y escritora. Recientemente escribió un blog sobre un incidente con una balsa inflable durante un viaje a un campamento para celebrar la graduación de la escuela secundaria de su hijo.

«Cariño, creo que nos pasamos la salida». Simplemente estoy haciendo una observación. Trato de ver el río adelante. No se veían otras balsas. Confiado y completamente recostado en la balsa conectada a la mía, mi esposo luce fresco como un pepino. «No, no la pasamos. Todavía falta un poco. Vi el mapa la semana pasada. No te preocupes…». A medida que avanzamos sin otras balsas a la vista, puedo deducir que algo anda mal. «¿Estás absolutamente seguro de que no debíamos seguir con ese último grupo de personas?». «Si te hace sentir mejor, busca tu teléfono, llama a la empresa de alquiler de balsas y pregunta». No puedo evitarlo. Tengo que estar segura. Estamos a punto de tomar la curva desde donde ya no podremos ver la última salida. Saco mi teléfono de nuestro estuche a prueba de agua y llamo, solo para escuchar una máquina contestadora automática. Empiezo a frustrarme con la continua actitud indiferente de mi esposo, por lo que empiezo a remar para tratar de movernos contra la corriente, de vuelta hacia la salida que todavía está a la vista. Nuestras balsas están conectadas y hay una hielera inflable entre nosotros, por lo que al remar solo giramos en el mismo sitio. El sol comienza a ponerse y cualquier sensación de tranquilidad plena se ha marchado con el resto de los botes. Al percatarme de lo insensato que es tratar de mover todo el aparataje yo sola, desengancho mi balsa y vuelvo a intentarlo, ya sin ataduras. ¡Al fin, algo de progreso! No es rápido, pero yo sola puedo luchar contra la corriente con mayor facilidad. Avanzo unos veinte metros (siete pies) y volteo para ver si él ya reaccionó. No. Todavía está tratando de lograr que le respondan por teléfono. Furiosa, empiezo a remar otra vez. Simplemente no se puede razonar con él. Si se sale con la suya, los dos terminaremos quién sabe dónde, en la oscuridad y ni siquiera con los niños. Él mira hacia arriba y dice: «¿Desconectaste las balsas? Eso no es inteligente. Tenemos que permanecer unidos». De repente tuve un recuerdo de algo que pasó muy temprano en nuestro matrimonio. Habíamos llegado a un punto muerto y estábamos convencidos de que los dos teníamos razón sobre algo... quién sabe qué. Vivíamos en habitaciones separadas en el pequeño apartamento que llamábamos hogar en aquel momento. Yo estaba llorando y me preguntaba si había cometido un gran error al casarme tan joven. Nuestro hijo mayor ya estaba en

camino, por lo que me sentía atrapada y sola a los veintiún años. Acunándome en nuestra cama y sosteniendo
mi abdomen en crecimiento, recuerdo haberme dado
cuenta de lo mucho que amaba que estuviéramos juntos
él y yo. Intenté imaginar mi mundo sin nuestra relación.
Él era mi mejor amigo, aunque, en ese caso particular,
estaba segura de que se equivocaba. Pero ese ya no era
el punto... ¿Me explico? Esa noche había llegado a entender que preferiría estar «equivocada» pero juntos,
que sola y «en lo cierto». Esa realidad se ha convertido
en uno de los cimientos de nuestro matrimonio: Si su
nave se hunde, me hundiré con él. Ya no lucho contra
la corriente, vuelvo a su balsa con bastante facilidad. Él
cuelga el teléfono. «Lo siento. Estaba equivocado. Nos
pasamos la salida», dice. Durante treinta minutos, peda-
leamos con los remos, estilo mariposa y maniobramos de
regreso aguas arriba hasta la última salida. No fue bueno. Estaré muy adolorida mañana. Pero llegamos a tierra
firme, sacamos nuestras balsas y la hielera y comenzamos la marcha hacia el vehículo. Lo logramos, igual que
lograremos superar nuestro hogar sin los hijos, juntos.

Ashlee: ¡Me encanta lo que escribió Staci! «Preferiría estar
"equivocada" pero juntos, que sola y "en lo cierto"». Nuestros cónyuges van a cometer errores. No hay forma de evitarlo. A veces
tenemos que decidir que, aun cuando sepamos que ellos están
equivocados, vamos a permanecer juntos pase lo que pase. Cuando no estoy de acuerdo con Clayton, le entrego el asunto a Dios
y confío en que resolverá nuestras diferencias.

Mi versículo favorito de la Biblia es Hebreos 11.6: «En realidad, sin fe es imposible agradar a Dios, ya que cualquiera que

se acerca a Dios tiene que creer que él existe y que recompensa a quienes le buscan». Eso me ha traído mucha paz, especialmente cuando Clayton y yo tenemos un conflicto. Sé que, si confío en Dios y lo busco, tengo una recompensa por venir. Algunas veces el conflicto es tan severo que buscamos asesoría externa. Y eso está bien. Solo nos aseguramos de acudir a alguien en quien confiemos y que realmente sea un mediador para nosotros.

Cuando tenga un conflicto en su matrimonio, recurra a la Palabra en busca de esperanza y de fortaleza. «Encomienda al SEÑOR tus afanes, y él te sostendrá; no permitirá que el justo caiga y quede abatido para siempre» (Sal 55.22).

El poder del acuerdo

Hemos descubierto que no hay nada más poderoso que cuando estamos de acuerdo. La Biblia dice que cuando estamos en unidad o de acuerdo entre nosotros, Dios ordena una bendición. «¡Cuán bueno y cuán agradable es que los hermanos convivan en armonía!» (Sal 133.1). Algunos versículos más adelante, podemos ver lo que ocurre cuando vivimos en acuerdo: «Donde se da esta armonía, el SEÑOR concede bendición y vida eterna» (Sal 133.3). Cuando elegimos someternos el uno al otro y vivir en unidad, ¡Dios nos promete una bendición!

Queremos alentarlo a luchar por la unidad en su matrimonio. Quizás haya pasado mucho tiempo desde que caminó en acuerdo con su cónyuge. Hay esperanza porque nada es imposible con Dios.

Cualquiera que sea el punto en el que se encuentre su matrimonio hoy, recuerde a Ezequiel y al valle de los huesos secos cuando enfrente una situación imposible. No caiga en la trampa como nosotros. Declare cuán grande es su Dios en lugar de describir cuán adversa es su situación. Siempre enfrentaremos desafíos en nuestros matrimonios, pero nuestra esperanza se encuentra en el Dios que manifestó las galaxias con su sola voz. Su Palabra da vida y su deseo es hacer que su matrimonio sea más fuerte de lo que jamás haya sido.

Si mantiene a Jesús en el centro de su vida, ¡hay esperanza para su matrimonio!

PROFUNDICEMOS

¿Recuerda la pregunta al principio de este libro? *¿Está dispuesto a hacer lo que sea necesario para tener el matrimonio que siempre ha deseado y soñado?* Tiene que estar dispuesto a renunciar a su orgullo, a admitir que estaba equivocado, a tomar el camino correcto y no dejar que las cosas empeoren.

Puntos de diálogo

1. ¿Alguna vez vio a sus padres tener un conflicto? ¿Cómo fue eso? ¿Cómo lo hizo sentir el hecho de escuchar o ver a sus padres en un desacuerdo?

2. Pregúntele a su cónyuge: ¿Hay algo que yo diga o haga que te recuerde a mis padres?

3. ¿Qué cosas pueden hacer como pareja para trabajar juntos en un conflicto de forma saludable?

7

El poder de la alianza

Ayúdense unos a otros a llevar sus cargas,
y así cumplirán la ley de Cristo.

—GÁLATAS 6.2

Lo único que sabía, como entrenador, era que no podía
hacerlo todo por mí mismo. Mis entrenadores auxiliares
tenían mucho que ofrecer y tuve que empoderarlos para
que emplearan sus talentos. Las parejas casadas necesitan
hacer lo mismo y utilizar las fortalezas de cada cónyuge.

—TONY DUNGY

Cuando hicimos el compromiso de entrar en una relación
de pacto entre nosotros y con Dios el día de nuestra boda, no
teníamos idea de lo que eso significaría. Hubo momentos en los

que sentimos que estábamos batallando entre nosotros, pero ahora entendemos que nuestra batalla no es contra nosotros mutuamente, sino contra un enemigo común. Satanás odia todo lo que Dios ama, y Dios ama nuestro matrimonio, por eso es que Satanás va a hacer todo lo que pueda para destruir nuestra unión. Él es nuestro enemigo.

Operar como un equipo requirió empezar dando pequeños pasos. Por ejemplo, dejamos de ser sarcásticos entre nosotros. Nuestra mentalidad cambió: nos veíamos como equipo en vez de como enemigos. Recordamos los votos que hicimos de amarnos, honrarnos y protegernos mientras vivamos. Para ser francos, fue un poco difícil al principio, así que simplemente comenzábamos de nuevo cada día.

A veces hacíamos pequeños cambios y, al final del día, ambos sentíamos que estábamos un paso más cerca del matrimonio que habíamos soñado. En ocasiones, uno de nosotros lo lograba y el otro fallaba. Cada uno tenía su cuota de días malos. Así que todos los días debemos recordarnos que nuestro cónyuge no es el enemigo. Al contrario, es su ayuda, quien lleva su armadura, su compañero de batalla y de equipo.

Craig y Samantha

Unos ocho meses antes de mudarnos a Houston para unirnos al personal de Lakewood Church, conocimos a Craig y a Samantha. Craig era el pastor de niños en una iglesia extraordinaria del sur de California. Estaban preparando a su familia para mudarse al centro del país, de modo que Craig pudiera convertirse en el pastor de niños en Lakewood. Estaban entusiasmados con la oportunidad que se le presentaba a toda su familia.

Llegaron a Houston y comenzaron a echar raíces. Craig se sumergió en su trabajo en la iglesia, mientras que Samantha se ocupaba de preparar a sus dos hijos mayores para sus nuevas rutinas escolares.

Las cosas habían comenzado a volver a la normalidad cuando algo cambió en Connor, su hijo menor. El muchacho que una vez fue feliz y juguetón dejó de tener contacto visual con ellos y ya no articulaba palabras. Después de muchas pruebas, a Connor le diagnosticaron autismo. A Craig y a Samantha se les informó que el autismo de su hijo era moderado. Esa noticia los estremeció hasta lo más profundo de su ser. No tenían idea de lo que Dios tenía reservado para ellos.

De inmediato, Samantha comenzó a tener mayor conexión con su hijo Connor. Él se convirtió en su misión. Ella indagó en Internet, leyó libros e investigó todas las posibilidades de conseguir ayuda para su hijo. Su mundo giraba en torno a asegurarse de darle a Connor todo lo que necesitaba para avanzar con éxito. Samantha hizo todo eso por Connor y, al mismo tiempo, se aseguró de que sus hijos mayores, Cory y Courtney, tuvieran una buena atención.

Samantha se conectó con Connor, pero, para Craig, conectarse con su hijo fue un desafío. Intentaba hacerlo con una sonrisa, un abrazo o una respuesta verbal. Craig nos dijo que era muy difícil para él, ya que deseaba restablecer ese vínculo. Lo que él y Connor habían compartido ahora se había perdido.

Craig y Samantha no sabían en qué modo eso los afectaría como individuos y como matrimonio. Hubo momentos en que sintieron que iban en la misma dirección, pero tomando caminos separados.

Nos dijeron que constantemente tenían que resguardar su relación. Craig y Samantha habían estado casados por muchos años, pero nunca habían experimentado ese tipo de exigencia y presión. Era como si algo o alguien estuviera tratando de abrir una brecha entre ellos. Las cuerdas de fe que los unían en el matrimonio comenzaron a debilitarse hasta el punto de un posible quiebre.

En las familias que tienen un niño con necesidades especiales, el porcentaje de divorcios es más alto debido a los desafíos adicionales que eso representa. La presión puede ser abrumadora y, si el esposo y la esposa no pueden unirse y obtener ayuda cuando la necesitan, su matrimonio puede fracturarse. La carga emocional y psicológica es muy pesada. Con frecuencia el padre abandona el seno familiar porque esa carga emocional se vuelve demasiado difícil de controlar.

Craig nos dijo: «Samantha y yo definitivamente teníamos nuestros problemas, pero nos animábamos el uno al otro a seguir adelante. Nos mantendríamos unidos».

Ellos determinaron que esa situación sería la plataforma para algo mayor y mejor para toda su familia.

Hemos sido testigos presenciales del trayecto de Craig y Samantha. Hace mucho tiempo tomaron la decisión de que, independientemente de lo que se les presentara, no lucharían solos sus batallas. Aprendieron que el secreto de pasar por un valle en el matrimonio es ser honestos y sensibles el uno con el otro. Una forma en que lo han hecho es orando juntos todos los días. Ellos nos dijeron: «Sabíamos que primero debíamos llegar a un acuerdo con Dios y luego entre nosotros. Cuando aprendimos a orar juntos, nuestro matrimonio se fortaleció de una forma extraordinaria».

Conocimos a Craig y a Samantha en el verano del 2004 y nos hemos convertido en una familia a través de los años. Dios ha estado con ellos en los altibajos de su matrimonio y en la crianza de sus hijos. Se han unido mucho más a medida que se han acercado a Dios. Han criado a unos hijos maravillosos y han mantenido su matrimonio fuerte a través del proceso que les ha tocado vivir.

En el 2008, con la bendición del liderazgo de Lakewood y con la ayuda de innumerables empleados y voluntarios, lanzaron el primer «Club de campeones» para niños con necesidades especiales y niños médicamente frágiles. Su esperanza y su deseo era implementar un programa que ayudara al desarrollo físico, emocional y espiritual de esos niños.

Craig y Samantha son una pareja dinámica que aboga por esas familias. Han establecido el Club de campeones en escuelas de la localidad, orfanatos e iglesias de todo el mundo. También han establecido una organización sin fines de lucro llamada Champion's Foundation. A través de ella ofrecen un programa de estudio, capacitación y devocionales para ayudar a las familias de todo el mundo. Ellos serían los primeros en decirle que todo esto ha sucedido a través de la maravillosa gracia de Dios y por su decisión de nunca pelear solos sus batallas.

Ninguna relación permanece inmóvil. Usted y su cónyuge están, o bien en proceso de acercarse, o de alejarse. En medio de la batalla, Craig y Samantha tomaron la decisión de mantenerse unidos. Esto no solo tuvo un efecto positivo en su matrimonio, sino también en las vidas de miles de familias que ahora son alcanzadas a través del Club de campeones.

«Acuérdense del Señor, que es grande y temible, y peleen por sus hermanos, por sus hijos e hijas, y por sus esposas y sus hogares» (Neh 4.14).

Necesitamos estar en el mismo equipo y pelear unidos, no el uno contra el otro. Hacemos esto con la espada del Espíritu (la Palabra de Dios) y con el escudo de la fe. Necesitamos declarar la Palabra de Dios sobre nuestras familias y creer que Su Palabra es verdadera.

Dos son mejor que uno

Ashlee: El quinto año de nuestro matrimonio, como mencionamos al comienzo del libro, fue el año de nuestro valle de los huesos secos. Como habíamos sufrido tanto los dos, yo me había aislado de Clayton. Ya no le contaba ninguno de mis pensamientos ni de mis temores. Después de dar a luz a nuestro primer hijo, el 17 de octubre del 2000, mi vida entró en una espiral descendente. No lo sabía en ese momento, pero sufría una depresión posparto severa.

Empecé a tener pensamientos perturbadores como: *¿Qué pasaría si pongo a nuestra hija en la chimenea? ¿Qué ocurriría si salgo de casa y olvido que la dejé sola?* También me aterrorizaba conducir un automóvil con ella, de modo que me negué a manejar. Clayton tenía que estar en la iglesia muy temprano los domingos, de manera que un amigo me recogía porque, a mi parecer, algo malo podía ocurrir si yo manejaba. Además, me aterrorizaba pensar que Clayton me abandonara y tuviera que criar a nuestra hija yo sola.

Me enfermé gravemente un mes después de dar a luz y tuve que dejar de amamantar a nuestra hija. Tenía el corazón destrozado por no poder amamantarla y me sentí totalmente fracasada. Varias mujeres en la iglesia habían dado a luz casi al mismo tiempo que yo. Recuerdo que una vez estaba sentada en la sala de madres lactantes durante un servicio, y todas estaban amamantando a su bebé excepto yo. Traté de hallar una silla en una esquina y esconder el biberón para que nadie pudiera verlo. Me quedé allí sentada con lágrimas corriendo por mis mejillas mientras estos pensamientos me atormentaban: *¡Eres una perdedora! ¿Por qué estás en este salón? Puedes alimentar a una bebé con un biberón en cualquier lugar. De hecho, cualquiera podría alimentar a tu bebé con uno. Ella ni siquiera te necesita.*

Literalmente estaba perdiendo la cabeza. Intentaba pelear la batalla de la depresión sola y la estaba perdiendo. Seis meses después de dar a luz, todavía me sentía como si estuviera loca.

Lloraba todo el tiempo y la depresión era agotadora. Después de un año de sentirme como si necesitara internarme en un hospital psiquiátrico, finalmente menguó mi depresión y comencé a sentirme mejor.

Fue entonces cuando hubo un gran avance en mi relación con Clayton, y ambos empezamos a luchar por nuestro matrimonio. Cuando finalmente comenzamos a compartir nuestros sufrimientos y buscamos ayuda, empecé a contarle lo que me estuvo ocurriendo durante el año que había pasado. Le dije que, después de hacer algunas investigaciones, descubrí que había estado sufriendo de depresión posparto.

Clayton se sintió muy culpable.

Él sabía que a veces yo decía cosas bastante indignantes y que parecía más temerosa que de costumbre, pero él lo había visto como el proceso normal de adaptación a la maternidad. Tampoco quiso preguntarme sobre eso porque temía que pudiera provocar una pelea. Esa noche lloramos juntos y él prometió que nunca más me dejaría luchar con nada sola. Me hizo prometer que siempre sería sincera con él sobre cualquier cosa con la que estuviera luchando y que le permitiría acompañarme en todo.

Seis años más tarde, cuando nació nuestro segundo hijo, yo estaba bien. Tuve un embarazo y un parto normales, se trataba de una niña muy buena. Fue un milagro. No tuve ningún problema con la depresión posparto, pero Clayton siempre me preguntaba para asegurarse: «¿Cómo te sientes? ¿Algún pensamiento raro? ¿Algo con lo que te pueda ayudar?».

Ocho años más tarde, teníamos una hermosa y talentosa hija de catorce años, Addison, y otra hermosa y amable criatura de ocho años, Aubree. Nuestra pequeña familia estaba completa, o al menos eso pensábamos. Temprano en la mañana del 15 de octubre del 2014, estaba haciendo mi devocional y leyendo Lucas capítulo 1, sobre la ocasión en que María visitó a Elizabeth y ambas estaban embarazadas. Aquello despertó en mí una sensación extraña y pensé: *Necesito hacerme una prueba de embarazo.*

No tengo idea de por qué aquello cruzó por mi mente. ¡No estábamos tratando de tener otro hijo!

Así que le dije a Clayton:

—Sé que esto va a parecerte una locura, pero ¿podrías comprar una prueba de embarazo cuando vayas a la tienda?

Él mostró una expresión hilarante.

—¿En serio? —me dijo.

—Sé que es una locura, pero compra una.

Cuando regresó de la tienda, hice la prueba. Al ver el resultado, grité lo suficientemente alto como para que lo oyera todo el vecindario. Clayton corrió al baño y me vio con unos ojos exorbitantes, con el rostro muy pálido.

—¡Es positivo! —exclamé.

Tenga en cuenta que ese no fue un grito alegre como el que di con nuestra segunda hija. Yo estaba conmocionada. Eso no era parte de nuestro plan. Yo cumpliría cuarenta años en dos meses.

No pensaba en tener un bebé. Eso no podía estar pasando. Creo que lloré todo el día, toda la semana y es posible que hasta todo el mes. La etapa de tener hijos ya había pasado. Estábamos contentos con nuestra familia de cuatro.

Estuve deprimida los nueve meses del embarazo y los que siguieron al nacimiento de la criatura. Tuve depresión preparto, depresión posparto, depresión de cuarentona con un recién nacido. Todo tipo de depresión me embargó.

Clayton se sentó conmigo un día y me dijo: «Sé que esto es demasiado y que estás pensando mucho al respecto, pero no me aísles de esto. Háblame. No dejaré que pases por esto sola».

Así que dejé que me acompañara. Le conté todo lo que estaba sintiendo. Le dije lo asustada que estaba con la posibilidad de tener un bebé a mi edad. En el cuarto mes del embarazo supimos que era un niño. El bebé se volvió aún más real para mí, por lo que me aterroricé muchísimo. Estaba de nuevo en una penumbra, tan oscura como el quinto año de nuestro matrimonio, pero la diferencia era que ahora no estaba sola. Clayton luchaba conmigo en oración y con amor, y tuve a Dios yendo delante de mí y hablándome todo el trayecto.

Deje que Dios vaya delante de usted

A pesar de que me sentía en un lugar muy oscuro durante mi embarazo, no quería que mi familia rememorara y pensara: «Ah, mamá se la pasaba deprimida y llorando todo el tiempo». Hice todo lo que pude para hacer ese tiempo agradable para todos, a pesar de que estaba luchando por salir de la oscuridad. Organicé una gran fiesta con nuestra familia para dar a conocer el sexo de la criatura. Tuvimos una cena familiar en la casa de mis padres, tras lo cual salimos al patio para hacer estallar un enorme globo lleno de papelillos azules. Cuando hicimos explotar el globo, todos aplaudieron puesto que sus esperanzas de que tuviéramos un niño se hicieron realidad. Mientras aplaudía, por dentro me moría y tenía miedo de tener ese bebé.

Después del anuncio del sexo del bebé, todos empezaron a sugerir nombres para él. Creo que nuestra hija Aubree quería llamarlo Kristoff, por el personaje de la película *Frozen*. A Clayton le gustaba mi apellido de soltera: Hammer.

—Ashlee, si le ponemos Hammer, seguramente jugará fútbol americano o al menos algún otro deporte —me dijo.

—No, no lo llamaremos Hammer —le respondí riendo.

Me encantó el nombre Andrew, que significa fuerte y valiente. Eso era exactamente lo que necesitaba en ese momento: fuerza y valor. Ya teníamos tres nombres que empezaban con *A* en la familia y Clayton no quería otro. Así que continuamos hablando de nombres diversos.

Un lunes, Addison llegó a casa después de la escuela y dijo: «Oigan, ¿qué les parece el nombre Colton?». A todos pareció gustarnos. Nadie tuvo objeción con eso aparte de Aubree. Ella nos informó que un niño del prescolar, que trató de besar su mano, se llamaba Colten. Sin embargo, su nombre se escribía con «e», y puesto que escribiríamos Colton con «o», dijo que estaría bien.

Después de convenir en que a todos nos gustaba el nombre Colton, busqué el significado en línea. Cuando supe que Colton significaba «de una ciudad oscura» o «de un lugar sombrío», pensé: *No hay forma de que lo nombre así, sobre todo con la oscuridad que implica.* No quería que me recordaran la oscuridad por la que pasaba. Oré y le pedí a Clayton que también lo hiciera para saber qué nombre darle al bebé, porque quería que fuera algo significativo y que nos recordara a Dios y Sus promesas.

Ese miércoles por la noche, Clayton y yo estábamos en la iglesia. Yo todavía luchaba con qué nombre darle a nuestro hijo. Me sentía culpable por cómo me sentía. ¿Cómo podía estar tan deprimida por tener un hijo cuando tanta gente anhelaba tener uno? Yo era un desastre y lloré durante toda la alabanza. Esa noche, John Gray, un pastor asociado y un querido amigo, estaba predicando sobre un pasaje de Isaías. Estas son las palabras del Señor a Su siervo Ciro:

> Marcharé al frente de ti, y allanaré las montañas; haré pedazos las puertas de bronce y cortaré los cerrojos de hierro. Te daré los tesoros de las tinieblas, y las riquezas guardadas en lugares secretos, para que sepas que yo soy el Señor, el Dios de Israel, que te llama por tu nombre.
> —Isaías 45.2-3

El pastor John indicó que en la medida en que permitamos que Dios vaya delante de nosotros, descubriremos tesoros escondidos en las tinieblas. Fue así que dijo: «Algunos de ustedes están en un lugar oscuro, pero Dios quiere que sepan que allí hay tesoros escondidos». Y continuó: «Algunos de ustedes incluso están henchidos de oscuridad, pero hay un tesoro ahí que está a punto de emerger».

Estoy segura de que el pastor John hablaba en términos espirituales, pero en mi caso también era literal. Entonces oí que Dios me susurraba: «Colton es tu tesoro, no tu oscuridad». Comencé a llorar y miré a Clayton. Él sabía exactamente lo que yo estaba sintiendo. Lo sabía porque nuestra relación se había vuelto más íntima y yo no me había permitido pasar por eso sola. Él estaba conmigo.

Algunos de ustedes que leen esto, han estado en un lugar oscuro como yo. Tal vez estén ahí en este momento y se sientan perdidos, vacíos y solos. Es probable que esté en un lugar oscuro que usted mismo creó y quizás sienta que merece estar ahí. Algunos de ustedes están en ese lugar por el dolor que otra persona les causó. Sin embargo, deje que Dios vaya delante de usted. Clame a Él para que sane su dolor y para que pueda descubrir el tesoro que tiene para usted.

Y no lo haga solo. Deje que su cónyuge sepa todo lo que está pasando. Permítale que conozca todos sus pensamientos a diario y deje que le ayude a llevarlos todos cautivos a través del amor y el poder de Jesucristo. Algunos de ustedes podrían estar pensando: *Pero no puedo contarle estas cosas a mi cónyuge. Es muy doloroso o vergonzoso.* Cuanto más tiempo mantenga las cosas ocultas en la oscuridad, más vergüenza y arrepentimiento tendrá. Dios es luz y donde hay luz no puede haber oscuridad.

El 11 de junio del 2015, tuvimos a nuestro hijo, Colton Hammer Hurst. (Sí, Clayton le puso el nombre Hammer. Supongo que veremos si Colton juega al fútbol americano). Sí tuve un poco de depresión posparto, pero fue una experiencia mucho más fácil. Clayton me mantuvo bajo control y me preguntaba todos los días cómo estaba. Además, oraba por mí cada día. Yo también oraba y le pedía a Dios que fuera delante de mí y que me ayudara a superar aquello. Los pensamientos perturbadores acudían a mi mente, pero yo los reprendía con el poder de la Palabra de Dios. Mantenía mi mente enfocada en Su Palabra y confesaba Sus promesas. Así lo logré.

Ahora tenemos este asombroso tesoro: un niño precioso. Esta misma mañana, Clayton le dijo a Colton que teníamos que orar antes de irnos a trabajar. ¡A este niño le encanta orar! Cuando nos tomamos de las manos para dirigirnos a Dios, Colton rápidamente trató de meterse en la boca toda la galleta que se estaba comiendo. Con la mitad de ella sobresaliendo de su boca, me miró con sus grandes y hermosos ojos pardos y sonrió. Esperó a que inclináramos la cabeza y luego inclinó la suya. Se quedó allí tranquilo durante toda la oración, esperando que Clayton dijera amén. Esa es su parte favorita porque le gusta alzar sus manos al aire y gritar: «¡Amén!», y eso es probablemente la cosa más linda del mundo. Él es nuestro muchacho: nuestro tesoro.

PROFUNDICEMOS

Cuando enfrentamos dificultades, instintivamente y por naturaleza solemos apoyarnos en nuestras propias fuerzas para resolverlas. No obstante, la idea de que no debemos ser vulnerables ni pedir ayuda es absurda. Eclesiastés 4.9 nos dice que: «Más valen dos que uno». Uno de sus mayores recursos es la persona a quien le dijo «Acepto» el día de su boda. Jamás permita que su cónyuge pase por dificultades solo ni intente hacerlo usted.

Puntos de diálogo

1. Pídale a su cónyuge que le cuente las tres cosas más importantes que le preocupan en este momento.

2. ¿Hubo algún momento en que se sintió como si estuviera solo en una batalla? Si es así, cuéntele todo a su cónyuge. (Recuerde, los sentimientos son reales).

3. Describa qué sentiría si su cónyuge luchara por usted del mismo modo en que lo hace por otras cosas (por ejemplo, un trabajo, los amigos o la familia).

4. ¿Cuáles son las mayores fortalezas de su cónyuge? ¿Cuáles son las suyas? Cuando agrupa sus puntos fuertes, ¿puede notar por qué los ha unido Dios como pareja?

8

El perdón

No nos trata conforme a nuestros pecados
ni nos paga según nuestras maldades.

—Salmos 103.10

Cuando dejas de culpar a tu cónyuge y asumes
que el problema es tuyo, tienes autoridad
para hacer cambios y resolverlo.

—Henry Cloud, *Límites en el matrimonio*

Ashlee: ¿Alguien realmente merece el perdón? Nunca olvidaré la primera vez que me enojé muchísimo con Clayton. Es una historia que solemos contar porque afectó profundamente mi vida. Fue en ese punto que comencé a cuestionar seriamente a Dios en cuanto a si me había casado con la persona incorrecta, puesto que Clayton había hecho algo tan descabellado que no sabía si me recuperaría. A ese acontecimiento simplemente lo llamamos «La historia de los mocos».

La historia de los mocos

Apenas teníamos un mes de casados cuando empecé a notar algo extraño. Había algo en las toallas que no salía, aunque las lavara. Pensé que tal vez el detergente no limpiaba muy bien. Clayton solo ganaba mil dólares al mes en aquella época, por lo que usábamos el detergente más barato que encontráramos. Después de que cada uno se bañara, a veces colgábamos las toallas en la puerta de la ducha para volver a usarlas antes de lavarlas.

Una mañana, mientras me secaba después de bañarme, sentí algo pegajoso en todo mi cuerpo. La misma sustancia que otras veces había visto en las toallas ahora estaba pegajosa y la tenía por toda la piel. Así que agarré otra toalla y me sequé. Salí a desayunar y empecé a contarle a Clayton lo que estaba pasando con esa sustancia misteriosa que encontré en las toallas y cómo me había embadurnado. Inclinó la cabeza con lentitud, se enfocó en su tazón de cereal y no levantó la vista. Me pareció sospechoso que evitara el contacto visual.

Clayton finalmente alzó la mirada con una sonrisita boba y dijo: «Bueno, cuando me limpio la nariz con el papel higiénico, me parece demasiado áspero; por eso comencé a usar las toallas, porque son mucho más suaves».

Ojalá pudiera describir cómo me sentí en aquel momento. Pasé de la conmoción a la ira, luego a la confusión y otra vez a la ira, y ahí me quedé. «¿Me estás diciendo que acabo de cubrirme el cuerpo con tus mocos?», grité. ¿Mencioné que estaba enojada y confundida, pero principalmente muy enojada?

¿Qué podría haber hecho que un hombre adulto se sonara la nariz con las suaves y hermosas toallas color crema que eran un regalo de bodas muy preciado? ¡Pero lo más grave del asunto era que *mi cuerpo estaba cubierto con sus mocos*! Creo que no hablé con él por tres días. Sé que debe parecer tonto, pero esa fue nuestra primera gran pelea. Clayton se disculpó, pero no acepté sus disculpas por varios días. Me era imposible comprender por qué alguien haría algo así, en serio. Todavía no puedo entenderlo.

¿Ha enfrentado una situación similar? Bueno, no que su cónyuge se sople la nariz en sus toallas, porque nunca he oído que nadie más haga eso. Pero, ¿ha estado en una situación en la que su cónyuge haya hecho algo que usted simplemente no comprende y se siente tan mal que no hay manera de que pueda perdonar su falta? Es posible que usted piense: *No se merece mi perdón. Usted no tiene idea de lo que mi cónyuge me ha hecho.*

Sin lugar a dudas, nadie merece perdón, pero es la bondad de Dios la que establece la norma para que perdonemos a los demás. Ese es el amor *ágape*. El mismo amor que motivó a Jesús a ofrecerse voluntariamente como el sacrificio definitivo que nos permite la gracia del perdón y la redención de nuestros pecados. Servimos a un Dios que nos ama tanto que nos perdona no solo los pecados que ya cometimos, sino también los que aún hemos de cometer. Él nos perdona a todos de manera voluntaria. ¡Cuán grande es el Dios al que servimos!

Pedro le preguntó a Jesús cuántas veces debemos perdonar a alguien. Le dijo: «¿Hasta siete veces?». Pedro quería saber cuál era el límite de veces para perdonar. «No siete veces —respondió Jesús—, sino setenta veces siete» (Mt 18.21-22, NTV). En otras palabras, no debe haber límite en el perdón, porque cuando no perdona a alguien, solo se está lastimando usted mismo. Usted es el que sufre. Me gusta lo que Beth Moore escribió sobre el perdón en su estudio bíblico llamado *¡Al fin libre!*

La palabra griega más usada en el Nuevo Testamento para perdonar es *aphiemi*, que significa «dejar ir, liberar, remitir, pasar por alto». En esencia, la intención del perdón bíblico es liberar a alguien, soltarle las ataduras. La imagen verbal dibujada por los términos griegos para la falta de perdón es el medio por el cual nos unimos de forma segura a alguien que detestamos. Por lo tanto, el significado griego del perdón podría demostrarse mejor como la práctica de cortar la cuerda de quien tiene atado a su espalda.

Cuando no perdonamos, estamos cargando a esa persona más el peso de la falta de perdón sobre nuestras espaldas. Ese peso puede condenarnos a la esclavitud espiritual, mental e incluso física. Hemos conocido personas cuyos corazones llenos de falta de perdón destruyeron sus vidas.

Sea el primero en perdonar

Clayton: Judah Smith, pastor principal de la congregación City Church en Seattle, Washington, hizo una exposición en uno de nuestros servicios y manifestó algo que nos afectó poderosamente. Dijo que cuando él y su esposa Chelsea tienen un desacuerdo, se aseguran de ver quién es el primero en perdonar. Eso se ha convertido en un juego para ellos, de modo que la falta de perdón no tiene tiempo para echar raíces en su matrimonio.

Cuando escuchamos la técnica de apresurarse para ser el primero en perdonar, nos pareció desafiante. Queríamos perdonar, pero, ¿y si la otra persona no se lo merecía? ¿Qué sucedía si lo que Ashlee dijo fue realmente hiriente? ¿Acaso no debería sufrir un poco antes de que la perdone? (Ashlee estaba pensando lo mismo sobre mí). Hubo momentos en nuestro matrimonio en que cualquiera de nosotros decía o hacía algo ofensivo hasta diez veces en una semana. Era natural que pensáramos: *Obviamente (a él o a ella) no le importan mis sentimientos, así que no voy a darle mi perdón todavía.*

A veces no me importaba perder el juego de «Sé el primero en perdonar» porque Ashlee no se merecía el perdón. ¿De qué otra manera podría ayudarla a aprender sino aplicando la ley del hielo? (Ashlee sentía lo mismo respecto a mí). Teníamos mucho desorden en nuestra mente. Deseábamos el perdón de Dios, que de ninguna manera nos merecíamos, pero no estábamos dispuestos a ofrecer un perdón incondicional el uno al otro.

Después de que Jesús le dijo a Pedro que perdonara setenta veces siete (Mt 18), el Señor le contó la historia de un rey que quería arreglar cuentas con sus siervos. Así que llevaron ante él a un hombre que le debía diez mil bolsas de oro. Como no podía pagarlo, el rey ordenó que él, su esposa, sus hijos y todo lo que tenía fuera vendido para pagar la deuda. El criado cayó de rodillas y le suplicó que tuviera paciencia, que le devolvería todo. El rey se apiadó de él, canceló la deuda y lo dejó ir. Aquel sirviente salió del palacio del rey como un hombre perdonado. Luego encontró a uno de sus compañeros sirvientes que le debía cien monedas de plata, mucho menos de lo que él le debía al rey. Lo agarró y comenzó a estrangularlo. «¡Devuélveme lo que me debes!», le exigió. Su consiervo cayó de rodillas y le suplicó: «Ten paciencia, y yo te devolveré el dinero».

Sin embargo, el hombre se negó y envió a su compañero a prisión hasta que le pagara la deuda. Cuando los otros sirvientes vieron lo que había sucedido, se indignaron y fueron a contarle al rey todo lo que había pasado. Entonces el rey llamó al sirviente y le dijo: «Yo cancelé todas tus deudas porque me lo pediste. ¿No deberías haber tenido piedad de tu compañero sirviente como yo la tuve contigo?». En aquel momento el rey entregó al sirviente a los carceleros para que lo torturaran hasta que le devolviera todo lo que le debía.

¿Puede ver lo que ocurrió aquí? El que decidió no perdonar es quien sufrió más.

Miguel y Laura

Casi al final del año, nuestros amigos Miguel y Laura estaban evaluando sus vidas. Su matrimonio era una historia de dos personas que iban por dos caminos separados, en dos direcciones diferentes.

Laura nos dijo que había comenzado a buscar a Dios con renovada pasión y determinación. Su vida giraba en torno a Él, por lo que decidió que, ya fuera que Miguel la acompañara o no, iba a seguir en pos de Dios. Al siguiente año empezó a leer la Biblia diariamente, iniciando y terminando cada día en oración por Miguel, por su familia y por ella misma.

Laura se acercó a Dios más que nunca. Mientras más lo buscaba, más quería de Él. Sin embargo, sufría porque a medida que su relación con Dios crecía, Miguel se alejaba cada vez más de ella. Algo andaba mal y debía cambiar. Ella lo sabía.

Laura nos contó que una tarde a su teléfono se le acabó la batería y dejó de funcionar. Así que le preguntó a Miguel si podía usar el suyo para llamar a una amiga. Mientras intentaba entrar en su teléfono, accidentalmente abrió el buscador Safari y apareció un enlace de pornografía. Se sintió devastada. Cuando confrontó a Miguel, este lo negó al principio, pero poco después admitió que había estado mirando pornografía. Ella esperaba que hubiera sido algo de una sola ocasión y le preguntó a Miguel si podía revisar su teléfono. Él aceptó a regañadientes y lo que ella encontró confirmó su mayor temor. Había otra mujer. Miguel había estado tomando decisiones que podían perjudicar a toda su familia y a su matrimonio.

Entre lágrimas y discusiones, Laura pensó repetidas veces en dos cosas: *¡Voy a matarlo y a pedir ayuda!* Por fortuna, decidió llamar a unos amigos y mentores de confianza de Lakewood Church.

Mary y Melvin, unos de nuestros antiguos profesores, dirigían la clase para matrimonios a la que asistieron Laura y Miguel. Cuando Laura se acercó a ellos, inmediatamente fijaron una cita para reunirse con ella y Miguel. Laura recuerda que le contó la historia completa a Mary y que le preguntó si ese sería el final de su matrimonio y si todo acabaría en divorcio. ¿Había alguna esperanza para su matrimonio? La respuesta de Mary estuvo llena de amor, de gracia y de perdón. Ella le dijo a Laura que Dios tenía un plan para su matrimonio a pesar de los fracasos y de las decepciones, y que estaba segura de que el plan de Dios no contemplaba el divorcio.

Durante las reuniones de ese día, desarrollaron un plan para reconstruir el matrimonio de Laura y Miguel y para restaurar la confianza entre ellos. El plan incluía consejería, rendición de cuentas y más. Mary y Melvin les aseguraron a Laura y a Miguel que los acompañarían en cada paso del camino.

El siguiente miércoles por la noche, Laura y Miguel estaban en el culto cuando Dios comenzó a hablarle a Laura en lo profundo de su corazón. Le dijo que perdonara a Miguel y que le informara que ella iba a luchar por su matrimonio. Al principio estaba confundida y pensó que quien le sugería esas cosas estaba equivocado. Así que pensó para sí: *Un momento, ¡él debería pedirme perdón! ¡Esto no es correcto! No hice nada malo. ¡La víctima aquí soy yo!*

Dios no se dejó influenciar por los pensamientos de Laura. Siguió hablando a su corazón.

Durante el resto de la noche, se desató una batalla en el corazón y en la mente de Laura. Sabía que Dios le pedía que perdonara a Miguel y que luchara por su matrimonio, pero no entendía por qué. La bondad y el amor de Dios finalmente convencieron a Laura de que hiciera lo que Él le pedía. Dios quería que ella perdonara a Miguel, aunque no se lo merecía. Él estaba haciendo algo más grande de lo que Laura podía ver en aquel momento.

Cuando llegaron a casa después de la reunión, Dios continuó instando a Laura a que perdonara a Miguel. Así que, antes de acostarse, le contó a Miguel lo que Dios había puesto en su corazón y luego se arrodilló. Laura le dijo que lo perdonaba y después declaró: «Si me lo dices todo, podemos comenzar de nuevo».

Miguel estaba abrumado y le aseguró que ella lo sabía todo. Laura le creyó y se fue a la cama consciente de que había hecho lo que Dios le había pedido.

Laura dormía profundamente mientras Miguel se sentía miserable. Había herido a la mujer que amaba y, además, cuando ella se arrodilló para perdonarlo, le mintió. Dios había usado a Laura para ofrecerle Su perdón y eso lo había conmocionado.

No pudo soportarlo más. Rodeó la cama, corrió al lado de Laura y la despertó. Miguel era un desastre, pero Dios estaba haciendo algo asombroso en su corazón. Comenzó a contarle todo a Laura: todo lo que había hecho durante su vida de casado y todo lo que había hecho antes, muchas cosas de las que Laura nunca había escuchado. Ella permaneció inquebrantable en su actitud de perdón hacia su esposo. Dios le había dado Su amor y Su gracia para perdonar a Miguel por sus fallas pasadas, presentes y futuras.

En la actualidad, Miguel y Laura son unos de nuestros líderes matrimoniales más fieles. Dios ha restaurado y ha fortalecido por completo su matrimonio como nunca pensaron que fuera posible. Ellos cuentan su historia con gusto porque su matrimonio es resultado de un perdón inmerecido.

El perdón requiere amor ágape

Charlie y Dotty

Una parte fascinante del libro *Moonwalker* [Caminante lunar], escrito por el astronauta Charlie Duke y por su esposa Dotty, es el relato de cómo Dios le habló a Dotty sobre perdonar a Charlie por todas las veces que la había lastimado a lo largo de los años. Eso sucedió no mucho después de que ella le entregó su corazón al Señor. En los primeros dos meses de convertirse en cristiana, Dotty vio muchas oraciones respondidas y comenzó a escuchar que Dios le hablaba. Él le dijo: «Estás iniciando una vida nueva. Ya no tienes que mirar atrás. Tu pasado es perdonado, estás comenzando de nuevo. Pues bien, si quieres que tu matrimonio se restaure, debes perdonar a Charlie».

¿Perdonar a Charlie?, pensó ella.

Era la víctima y la defensora al mismo tiempo. ¿Cómo podía perdonar todas las veces que Charlie la había lastimado? Todos los cumpleaños perdidos, las muchas veces que la había criticado, las veces que había coqueteado con otras mujeres. La lista era interminable. Ella replicó que Charlie no había pedido perdón y que ni siquiera pensaba que las cosas que había hecho eran incorrectas.

Así que le dijo a Dios: «¡No! Él no se lo merece. Quiero hacerlo sufrir por un tiempo. No quiero perdonarlo».

Ella dijo que Dios le respondió: «No puedes llamarme Señor si no me obedeces. Los que me llaman Señor deben hacer mi voluntad».

Dotty le dijo a Dios que lo haría, pero que no sabía cómo. Dios simplemente le indicó que aceptara perdonar a Charlie y que Él la ayudaría. Ella obedeció. No siempre fue fácil, pero cada vez que recordaba las veces que él la había herido, evocaba lo que el Señor le indicó: «Recuerda, lo perdonaste, todo fue borrado. Ya no existe».

Cuando el Señor eliminó el resentimiento y la falta de perdón de su corazón, ocurrió una sanidad maravillosa, a través de la cual Dotty aprendió a amar a Charlie de manera incondicional. Antes, ella lo amaba para que él la amara de vuelta. Ahora, Dios le estaba enseñando a amarlo al ciento por ciento, pese a que él la amara o no. Ese es el asombroso amor ágape del que hablamos en el capítulo 3. Dios le dijo que Charlie era exactamente lo que necesitaba en ese momento. ¿Qué mejor manera de enseñar el amor incondicional que amar a alguien que no es digno de ser amado?

Dotty comenzó a hacer cosas buenas por Charlie y a amarlo pese a lo que sucediera. Después de más de dos años de amarlo así, él aceptó ir con ella a un retiro de estudio bíblico. Él pensó:

Ella ha sido muy comprensiva y paciente conmigo, debo hacer esto por ella. Dios se hizo real para Charlie en ese retiro y, de camino a casa, le dijo a Dotty que no tenía ninguna duda de que Jesucristo es el Señor. Ella, emocionada, dio una palmada y le dijo que eso era lo que había estado esperando escuchar.

En los meses siguientes, cuando Charlie empezó a sentir hambre de la Palabra de Dios, el Señor comenzó a hablarle sobre cómo amar verdaderamente a su esposa. De ese modo, la sanidad de su matrimonio continuó.

El perdón es una opción

El perdón en el matrimonio implica amor ágape. El perdón no es un sentimiento o un encargo, sino una oportunidad. Es una elección. El perdón es algo que queremos para nosotros mismos porque, a menudo, creemos merecerlo. Sin embargo, puede ser más difícil decidir perdonar a nuestros cónyuges. Podemos cuestionarnos si merecen nuestro perdón o no.

Hay momentos en que creemos que nuestros cónyuges no han hecho lo suficiente como para merecer nuestro perdón. A menudo somos rápidos para juzgar e implementar castigos cuando nuestros cónyuges están equivocados. No obstante, cuando somos nosotros los que estamos equivocados, esperamos el perdón inmediato. Juzgamos a los demás por sus acciones, pero queremos ser juzgados por nuestras intenciones.

Debemos comenzar cada día con gracia y perdón para nuestros cónyuges, especialmente cuando no se lo merecen. Debemos perdonar incluso antes de que se hayan equivocado. Esto no significa que todos los días serán color de rosa. Prevemos que habrá días buenos y otros desafiantes, pero debemos decidir enfocarnos en el perdón cada amanecer.

Ashlee y yo examinamos nuestros corazones cada mañana y decidimos que nos perdonaremos el uno al otro antes de comenzar el día.

Esta mentalidad no significa que no cometamos errores, sino que *decidimos* responder de mejor manera. Optamos por ofrecernos gracia sin importar si la merecemos o no. Nos permitimos cometer errores. Nuestros corazones han cambiado, pero esto no ha sucedido de la noche a la mañana. Ha sido una jornada durante la cual le pedimos a Dios, cada día, que nos ayude en el trayecto.

PROFUNDICEMOS

A veces, decidir perdonar es un desafío. Cuando nos enfrentamos a algo que parece imposible de perdonar, Dios nos recuerda que por Su gracia y por Su voluntad fuimos perdonados. Cuando todos se volvieron contra Jesús mientras sufría en la cruz por nuestros pecados, Él los perdonó y nos dio Su ejemplo para que viviéramos. Usted tiene que elegir diariamente perdonar a su cónyuge, lo merezca o no.

Esfuércese siempre por ser el primero en perdonar.

Puntos de diálogo

1. Tómese un minuto a solas con Dios para ver si hay algo en su corazón que no está resuelto con su cónyuge. Si lo hay, lo animamos a que lo hable con él o ella y a que perdone a su cónyuge o le pida perdón. Si cree que es demasiado difícil, pídale a Dios que lo ayude.

2. ¿Qué tan fácil o difícil es para usted perdonar? ¿Por qué?

3. ¿Hay algo escondido que quiere revelarle a su pareja? Con la ayuda de Dios, sea completamente honesto con su cónyuge. Hay mucho poder cuando usted y su pareja pueden estar en completa unidad.

9

El sexo no es solo una palabra de cuatro letras

Por eso el hombre deja a su padre y a su madre, y se une a su mujer, y los dos se funden en un solo ser.

—Génesis 2.24

Los seres humanos nacen en este pequeño espacio vital del cual lo mejor son sus amistades y sus intimidades [...]. Sin embargo, no cultivan estas cosas, sino que las dejan para que crezcan como lo haría un arbusto a orillas de una carretera, esperando que se «mantengan» por pura inercia.

—William James

Lo más íntimo que podemos hacer es permitir que las personas que amamos nos vean en nuestro peor estado. En lo más bajo. En la máxima debilidad. La verdadera intimidad existe cuando nada es perfecto.

—Amy Harmon, The Song of David [La canción de David]

Shhhh... No puede hablar de esto

Hay tantas cosas que desearíamos haber sabido sobre el sexo antes de casarnos. Parecía como si los demás lo tuvieran todo resuelto, pero nadie estaba dispuesto a difundir los secretos de una gran vida sexual dentro del matrimonio. Sabíamos que nuestros padres pensaban que eso no era responsabilidad de ellos y tampoco había otros buenos recursos. No entendíamos que Dios había creado el sexo y que era algo hermoso dentro de los límites del matrimonio. Él nos dio ese regalo, pero no lo veíamos desde su perspectiva.

Mientras crecíamos, el sexo no era algo de lo que se podía hablar con libertad. Nunca se hablaba de este tema en un sermón. Podíamos escuchar algo al respecto en los grupos de jóvenes de nuestra iglesia, pero era presentado en una manera en que lo hacía parecer sucio, desagradable y algo con lo que teníamos que ser cautelosos. Pensamos que nuestras iglesias estaban haciendo lo mejor que podían con la información que tenían en ese momento. Por supuesto, estaban hablándole a un salón lleno de adolescentes con todas las hormonas a punto de explotar.

El sexo llegó a ser algo así como una maldición de cuatro letras de la que no podías hablar hasta que te casaras. ¡Será mejor que no lo digas, ni lo pienses ni lo hagas! Shhhh... Es un secreto del que no puedes hablar hasta que te cases, pero cuando te cases, ¿cómo hablas de eso?

Está en la bolsa

Ashlee: Cuando Clayton y yo nos casamos, pensábamos que el sexo sería tan maravilloso como lo presentaban en las películas. Creo que él realmente pensaba que me colgaría de una gran lámpara con mi mejor lencería, esperando que todos los días mi amado regresara del trabajo. (No teníamos una lámpara así. Vivíamos en una pequeña cabaña de troncos en un terreno de cuarenta hectáreas [cien acres], con vacas a nuestro alrededor. Tal vez él esperaba verme con mi lencería montada en una vaca cuando llegara manejando por el acceso de casi un kilómetro [media milla] que traspasaba un campo de heno. No estoy segura). Creo que la idea que Clayton tenía sobre cómo sería el sexo en nuestro matrimonio era muy diferente de cómo terminó siendo.

Nunca olvidaré cierto día, unos dos meses después de nuestra boda. Eran alrededor de las cinco y media de la tarde. Clayton todavía estaba trabajando en una pequeña universidad cristiana en el este de Texas. Hice una gran cena: tacos, mi especialidad. (En ese entonces no era muy buena cocinera, aunque ahora tampoco lo soy). Estaba muy emocionada por haber preparado una cena para Clayton. Escuché que nuestro pequeño automóvil se estacionaba y, cuando miré por la ventana del frente, vi a Clayton caminando hacia nuestra casa, con una sonrisa de oreja a oreja, sosteniendo una gran bolsa de basura tras él.

Eso me hizo pensar: *¿Qué tendrá ahí? Oh, tal vez encontró una bolsa de dinero.* Vivir con mil dólares al mes en aquellos tiempos no era demasiado fácil.

Cuando entró a la casa estaba ansioso por mostrarme lo que había dentro de la bolsa.

—Cariño —dijo—, no te imaginarás ni en un millón de años lo que me dieron en el trabajo hoy. Nos ahorrará mucho dinero.

Yo pensé: *¿Ahorrarnos dinero? ¡Ah! ¿Qué podrá ser?*

Miré con entusiasmo dentro de la bolsa, pero al instante me confundí y me alarmé. Poco a poco volteé a ver a mi esposo. Luego volví a mirar el interior de la bolsa para asegurarme de que estaba viendo correctamente. Entonces miré a Clayton y le dije:

—Tienes razón, nunca, ni en un millón de años, hubiera adivinado lo que hay en esta bolsa.

Era una bolsa de basura llena de paquetes de condones morados envueltos individualmente. ¡Así es! Condones. Mil doscientos para ser exacta.

—Cariño —dijo alegremente—, hoy entré en la oficina del decano estudiantil y tenía estas cajas por todos lados; estaba revisándolas todas. Me dijo que eran las cajas para la bienvenida de los estudiantes varones que se inician y que el vendedor accidentalmente había puesto un condón en cada una de ellas. Me dijo que no sabía qué iba a hacer con todos esos condones. Entonces le dije: «¡Me los llevo yo!». Luego salí y encontré una bolsa de basura y aquí tienes.

Me entregó la bolsa como si me estuviera dando una docena de rosas. La tomé y volví a ver su interior. Luego él me dijo:

—Cariño, esto nos durará como un año, tal vez dos...

Recurrí a mis matemáticas con rapidez para calcular cuántas veces necesitaríamos tener relaciones sexuales para usar todos esos condones. Llegué a la conclusión de que me había casado con un maníaco sexual.

El pasado

Ashlee: Mis padres nunca me hablaron sobre sexo. No era un tema fácil de tratar. Debo admitir que a mí tampoco me emocionaba mucho hablar al respecto con mi hija. Tengo otra hija a la que tendré que hablarle del asunto pronto y, para ser sincera, tampoco estoy ansiosa por tener esa conversación tan incómoda. En realidad, cuando era adolescente, la única vez que escuché sobre sexo fue en la televisión, en el cine o en la iglesia. Las películas hacían que el sexo pareciera súper romántico e intrigante, pero en la iglesia todo lo que escuchaba era: «Espera. Espera... Espera hasta el matrimonio. No, no, no. Es mucho mejor si esperas».

El problema no es que le digan a uno que no y que espere, sino que no dicen por qué esperar, o qué pasa si no lo hace, de modo que te quedas cuestionándote y asocias al sexo con la vergüenza. Si les pregunta a las personas que me conocieron mientras crecía, probablemente me etiquetarían como una «buena chica cristiana». Nunca me metí en problemas y, en general, obedecía a mis padres, excepto que a veces era un poco pícara. Me gustaba que me tuvieran por una «buena chica cristiana». Era casi como conseguir una insignia de «chica exploradora» para ponérmela en el chaleco. Caminaba orgullosa de ser esa chica. Algunos incluso dirían que a veces presumía serlo. (No es algo de lo que me sienta orgullosa ahora).

Sin embargo, había un secreto sobre mi pasado que nunca le conté a nadie. Sabía que había hecho algo malo, pero tampoco quería que me quitaran mi insignia de «buena chica cristiana». Fui sexualmente activa cuando era adolescente y era algo que mantuve muy bien escondido. Mi justificación era: *Bueno, nunca he ido hasta el final, quizás a tercera base, casi a la base principal. Eso no es tan malo.* Pero bien pude haber pisado fondo, porque las cicatrices secretas de la vergüenza que acarreaba eran muy dolorosas.

También le había entregado mi corazón a un joven con el que estaba segura de que me iba a casar, así que pensé: *¿Qué importa? Me voy a casar con este chico.* Al final de mi último año de preparatoria, terminó conmigo y se mudó lejos. Estaba devastada.

Cuando me mudé al recinto de la universidad, seguí con la culpa, con la vergüenza y con el corazón roto. Sin embargo, deposité todo esto en un compartimento en mi mente y lo guardé, con la esperanza de olvidarlo. Durante mis años de universidad, comencé a asistir a la iglesia donde Clayton y yo nos conocimos. Esa fue una gran época para mí, pues conocí a Jesús y descubrí Su amor por mí a un nivel completamente nuevo.

Esos años siempre serán muy especiales para mí porque, por primera vez, la Palabra de Dios se hizo realidad en mi vida y ya no era importante la etiqueta de la «buena niña cristiana». Yo solo quería aprender todo lo que pudiera sobre el amor de Dios.

Cuando comencé mi segundo año de universidad, algunos amigos me dijeron: «Oye, tienes que conocer a este chico. Acaba de terminar la universidad y creo que realmente te gustaría».

Yo respondía algo así como: «Gracias, pero no. Todo lo que necesito en este momento es a Jesús».

Mis amigos no se dieron por vencidos. Planearon una noche de juegos en la casa de uno de ellos, donde pudimos conocernos. Cualquiera que haya jugado alguna vez conmigo sabe que no hubiera sido la mejor forma de conocer a un chico. Soy muy competitiva. Así que, cuando Clayton llegó esa noche, no le presté demasiada atención. Yo estaba allí para ganar. Sin embargo, por alguna loca razón, creo que Clayton se sintió atraído por mi competitividad y me llamó la semana siguiente para invitarme a salir.

Esto fue antes de los teléfonos celulares, así que llamó a mi casa. Yo no estaba en ese momento, pero mi madre le dio el número de teléfono de mi hermano, donde me encontraba. Clayton llamó a ese número y mi cuñada me entregó el teléfono con una gran sonrisa en su rostro. Cuando Clayton me invitó a salir, dije que sí de manera renuente. Nuestra primera cita fue el 5 de agosto de 1994. Salimos de nuevo la noche siguiente y también la posterior a esa. Creo que nos vimos todas las noches durante dos semanas seguidas. Jamás había conocido a alguien como él. Tuvimos una conexión y la pasamos de maravilla. Rápidamente me enamoré de él. Además, me hacía feliz el hecho de que fuera alguien con quien iba a la iglesia.

Comenzamos a trabajar juntos como voluntarios en el ministerio de niños, y todo el tiempo que tuviera libre de la universidad lo pasaba con él. Nuestra pasión comenzaba a intensificarse. Me encantaba besarlo y estar con él. Nuestros besos pronto nos llevaron a otras cosas. El rinconcito de la vergüenza que había mantenido cerrado se abrió de nuevo. Servíamos en la iglesia, luego regresábamos a su apartamento y la pasión nos consumía.

Para nuestro primer aniversario de novios, fuimos a Dallas a cenar en un restaurante desde el que se ve la ciudad mientras se gira en un círculo durante la cena. Fue tan romántico. Le compré a Clayton una Biblia de cuero con su nombre grabado porque quería que nuestra relación se basara en nuestro amor a Dios, y, de alguna manera, pensé que ese gesto atenuaría la culpa. No obstante, mientras manejábamos de regreso a casa desde Dallas, nuestra pasión no pudo esperar el viaje de dos horas y nos detuvimos al costado del camino para besarnos, con la Biblia a nuestro lado. ¡Señor, ayúdanos!

Me sentí muy culpable durante nuestro noviazgo. Recuerdo que alguien dijo que Satanás hará todo lo posible por llevarte a la cama antes del matrimonio y se esforzará para mantenerte fuera de ella después del matrimonio. Esto fue muy cierto en mi caso.

Después de que nos casamos y Clayton llegó a casa con la bolsa llena de condones, comencé a sentir resentimiento hacia él y hacia el sexo. Me sentía muy impura. Cuando nuestra comunicación comenzó a declinar, sentí que todo lo que él quería de mí era mi cuerpo. Me molestaba que él no hubiera podido resistir la tentación antes del matrimonio y que no nos hubiera mantenido acordes a un estándar superior. En secreto, creí que

Dios nos estaba castigando por nuestra impureza y que tendría que soportar el sexo por el resto de mi vida. Además, puesto que el sexo nunca había sido algo de lo que pudiera hablar con facilidad, no le mencioné nada a Clayton. Simplemente me resentí con él en silencio.

Casi dos años después de nuestro matrimonio, asistimos a una conferencia de liderazgo con otros miembros del personal de nuestra iglesia. Tras una sesión en la que una conferencista habló de su lucha con el sexo, tuve un colapso y confié en una de las líderes que fueron con nosotros. La admiraba mucho en ese momento porque pensaba que ella era perfecta. Le conté mis luchas durante los últimos dos años y las cosas que había hecho de las que estaba tan avergonzada. Me preguntó si sabía qué era el arrepentimiento, pero yo no sabía con certeza a qué se refería. Ella me explicó que necesitaba arrodillarme y arrepentirme de mis pecados. También me dijo que había hecho algunas cosas en el pasado de las que estaba avergonzada. Me las contó, pero me pidió que nunca se las refiriera a nadie. Dijo que no había necesidad de volver a hablar de mi pasado con nadie nunca más. Yo había sido perdonada y no necesitaba pensar más en eso.

Sé que sus intenciones eran buenas, pero no hablar de eso fue lo peor que pude haber hecho. Todavía me sentía condenada y aún guardaba resentimiento contra Clayton, pero nunca lo hablé con él. Sin duda, él sabía que algo andaba mal porque el sexo para mí se había convertido en una obligación. Ya no lo veía como algo romántico. Le dije que cuando tuviéramos relaciones sexuales, las luces tenían que estar apagadas y que no hablaríamos. Todo lo referente al sexo me suscitaba la respuesta «acabemos con esto». Además, como era esposa de un pastor, tenía la impresión de que era mi deber satisfacerle esa necesidad sin importar qué, para que él pudiera ser un mejor ministro. Así que lo aguanté durante ocho años. Sí, ocho años.

Después de nuestro quinto año de matrimonio, experimentamos mucha sanidad en nuestra comunicación y en la forma en que nos tratábamos, pero todavía no estaba lista para hablar con Clayton sobre sexo. Creo que el enemigo había cerrado mi boca sobre el tema por tanto tiempo, que ni siquiera sabía cómo empezar a hablar de eso. Clayton incluso trató de discutirlo conmigo después del quinto año, pero yo no podía. Era demasiado doloroso y yo estaba muy avergonzada. Así que este dilema seguía afectando nuestra vida sexual.

Si no hablas de tu vida sexual, es probable que no tengas una gran vida sexual. No fue sino hasta que Clayton y yo nos mudamos a Houston para trabajar en Lakewood Church que comencé a ser franca con él. Empecé a ser liberada de la personalidad de la esposa de pastor que creía que tenía que cumplir. Bueno, yo ya no era esposa de un pastor.

Clayton había sido contratado como director de operaciones para el ministerio de niños. Además, la iglesia era tan grande que ya no me sentía bajo la lupa. Podría ser yo misma. Durante los servicios de adoración en Lakewood, Dios comenzó a sanar mi corazón mientras clamaba a Él y escuchaba sermones sobre el amor, la gracia y la esperanza divina. Finalmente, rompí en llanto una noche y le confesé todo a Clayton.

Le conté sobre mi pasado, sobre mi enojo contra él por no haber sido el líder que yo necesitaba que fuera antes de casarnos y sobre las luchas que sostuve los últimos ocho años. Fue como una compuerta de gracia derramándose sobre mí cuando comencé a contarle todo. Le dije que lamentaba haber esperado tanto tiempo y lo apenada que me había sentido. Él me abrazó y lloró. También se disculpó por lo herida que me había sentido. Estábamos en una dolorosa situación sin precedentes en nuestro matrimonio. Los últimos huesos secos en nuestra unión cobraban vida otra vez.

Se supone que el sexo es un bello intercambio de amor entre esposo y esposa. Durante ocho años había sido lo contrario para mí. El muro que había construido en torno a mi silenciosa vergüenza no valía lo que me estaba robando. Incluso ahora, el enemigo trata de usar sus viejos trucos conmigo en esta área, pero solo le recuerdo que estoy sana, perdonada y que nunca más volveré a sentir esa vergüenza.

El sexo siempre será un área del matrimonio donde Satanás intentará atacar. Piénselo. Satanás nos odia porque Dios nos ama. ¿Qué ejemplifica el amor de Cristo por la iglesia en Efesios 5? *El amor de un hombre por su esposa.* ¿Cuál fue la primera institución que Dios estableció en la Biblia? *El matrimonio* (Gn 2.24). ¿Cuál fue el primer mandamiento dado por Dios? *Sean fructíferos y multiplíquense* (Gn 1.28). (En otras palabras, tener mucho sexo). Creo que el objetivo de Satanás es destruir los matrimonios tergiversando lo que debe ser la belleza del sexo dentro de él. Se han destruido muchos matrimonios a causa del adulterio, la pornografía o la falta de sexo.

Si algo de esto le parece familiar, no se quede detrás de ese muro de vergüenza. Hable con su cónyuge al respecto, ore a Dios para que sane esas heridas engañosas. Quizás necesite buscar asesoramiento. Haga algo para salir de ese lugar de condenación. Permita que Jesús derrame Su hermosa gracia sobre usted, ya que Él verdaderamente lavará toda esa vergüenza.

La pornografía es real, pero es una mentira

La industria multibillonaria de la pornografía vende una mentira autogratificante. La pornografía explota a las mujeres y las presenta de forma contraria a la vida real. Los hombres que ven esas revistas o videos suponen que así es como debe lucir y actuar su esposa. Ella siempre andará detrás de su marido, nunca dirá que no y siempre estará de buen humor.

Muchos hombres creen que el único propósito del sexo es la gratificación de ellos. Eso es una mentira. Si ha luchado con la pornografía o si está actualmente tratando de salir de ese valle, lo mejor que puede hacer es confiar en su cónyuge, pedirle perdón y luego pedir ayuda. Muchos hombres han vencido la adicción a la pornografía. Se liberaron por el poder de Dios y al asociarse con sus cónyuges para descubrir el plan del enemigo para destruir matrimonios.

Es muy diferente

Desearíamos que alguien nos hubiera explicado las diferencias entre los hombres y las mujeres antes de casarnos. No solo hablamos y procesamos la información de forma distinta, sino que también nuestros gustos y deseos sexuales son diversos. Los hombres son como los *jets* y las mujeres como los helicópteros. Los hombres despegan y suben a una altitud de crucero, llegan a nuestro destino y luego aterrizan. Las mujeres despegan y pasan a un área y luego se desplazan a otra. Las mujeres normalmente no van directo a su destino porque disfrutan de tomar el camino escénico.

Para el sexo, los hombres suelen estar listos antes de que usted siquiera diga la palabra, pero a las mujeres, por lo general, les toma un poco más de tiempo. Los esposos piensan en sus esposas y en sexo muchas veces durante el día. La mayoría de las mujeres no piensan en el sexo todo el día como lo hacen sus maridos.

El hombre puede tener el peor día en la historia de la humanidad y estar listo para el sexo tan pronto como entra por la puerta y su esposa le da esa «mirada». Guarda todo eso en una sección de su mente. El esposo puede poner lo que le pasó en el día en un compartimento mental y olvidarlo todo tan pronto como la oportunidad de estar con su esposa se presente. Sin embargo, si la mujer tiene un mal día, llega a casa y su esposo le da esa «mirada», ella puede tener una respuesta ligeramente diferente. Su mente está llena de cables superpuestos y conectados a la pared. Por su cerebro se desplaza un pensamiento tras de otro. Ella está pensando algo como: *¿De verdad, esta noche? ¿Me estás tomando el pelo? No tienes idea del día que tuve.*

El hombre puede dejar de lado los problemas cotidianos con rapidez. Para la mayoría de las mujeres, eso puede ser un desafío.

La jornada de la mujer se entreteje con casi todos los momentos de ese día y posiblemente con los de muchos días antes. También puede tener otras cosas en mente para más adelante en la semana. Todo debe resolverse en su mente para que la mujer se relacione con su marido en el dormitorio. También puede tratarse de la necesidad número uno de la mujer: amor y seguridad. Si no se siente amada por su esposo, puede ocasionar problemas en el dormitorio.

Los lenguajes de amor también influyen. Si el lenguaje de amor de la esposa es el tiempo de calidad, y si su esposo no ha pasado tiempo hablando con ella y escuchándola con atención, entonces es más difícil para ella emocionarse con el sexo. Si el lenguaje de amor de ella está representado por actos de servicio, usted podría disfrutar de sexo con solo llamar a alguien para que haga algunas decoraciones en las paredes de la sala. Eso, en realidad, es lo que sucedió ayer.

Ashlee: Mi principal lenguaje de amor no son los actos de servicio, pero cuando le dije a Clayton que me encantaría una decoración en las paredes de nuestra casa (¡sí!, nos encanta el programa de compraventa y restauración de casas *Fixer Upper*), enseguida llamó a alguien para llevarlo a cabo. ¡Eso me encantó! Hombres, comprendan que las mujeres no son tan visuales como ustedes. No se trata de la apariencia de un hombre, sino de cómo trata a su esposa. No me malinterpreten. Me encanta cuando Clayton se ve súper guapo en su traje gris comprado en Zara (tienda por departamentos) con su corbata de lazo (¡sí, señor!), pero lo que me motiva al sexo es cuando conversamos y cuando hace cosas por mí, en especial si son inesperadas.

Principalmente, se trata de cómo se siente su esposa en el ámbito emocional. A menudo no tiene nada que ver con el atractivo físico del marido, sino con qué siente respecto a él, a ella misma, a la casa, a los hijos y a las finanzas. Para ella todo tiene relación.

Las conversaciones sinceras sobre su vida sexual son imprescindibles. Mientras más genuinas sean las conversaciones, con una actitud de sanación y de amor ágape, mejor será su vida sexual.

Esta información nos habría sido útil en la época inicial de nuestro matrimonio. Los hombres y las mujeres son diferentes y eso no es algo malo. Muchas veces esas diferencias son lo que Dios usa para moldearnos y convertirnos en las personas que Él desea que lleguemos a ser. El desafío se presenta cuando no valoramos nuestras diferencias y comenzamos a resentirnos por ellas.

———

Tal vez haya estado casado un tiempo y esperaba que su deseo sexual aumentara al nivel de su cónyuge. Hasta ahora no ha sucedido y se siente ligeramente derrotado. Tal vez el sexo al inicio de su matrimonio fue genial, pero recientemente ha caído en una espiral descendente. Hay esperanza para usted y su cónyuge en esta área. No se sienta derrotado ni frustrado, sino sepa que tener conversaciones sinceras lo ayudará. Sea valiente. Cree un lugar seguro donde cada uno de ustedes pueda expresarse con honestidad sobre su vida sexual.

Nos llevó un tiempo hablar abiertamente sobre el tema. Una vez que comenzamos a hablar de nuestra vida sexual, ese sentimiento de incomodidad se desvaneció. Aprendimos a hablar con sinceridad, amabilidad y respeto mutuo.

Dígale a su cónyuge lo que le gusta y lo que no le agrada. ¿Se imagina si le mordisqueara la oreja a su cónyuge creyendo que lo pondría de buen humor, pero descubriera que le pone los nervios de punta? Eso nos sucedió a nosotros.

No deje de tener citas con su cónyuge

Nosotros seguimos teniendo citas. Intentamos salir en semanas alternadas. Nos tomamos ese tiempo para realmente hablar de nosotros. Hablamos de nuestros sueños, de lo que nos encanta y de cualquier cosa que sea interesante para los dos y que nos divierta. La cita no es momento para hablar sobre nuestros problemas ni de los asuntos de los hijos o de los familiares. Para eso hay otras ocasiones. Intentamos que nuestras citas sean lo más románticas y divertidas posible.

A veces nos turnamos para planificar la velada y cada uno considera lo que le gusta hacer al otro. También planeamos vacaciones cada año solo para nosotros dos. Unos años hemos hecho viajes asombrosos y en otros los abuelos se llevan a nuestros hijos y simplemente nos quedamos en casa para disfrutar solos de un tiempo juntos. Tras asistir a un retiro de perspectiva de Marriage Today, ahora apartamos tiempo para hacer uno cada año y considerar nuestra situación. Puede ser un fin de semana de escapada o puede hacerse durante una noche, pero nosotros nos tomamos el tiempo para obtener una nueva perspectiva o visión de nuestro matrimonio para el año siguiente, incluyendo las metas que tenemos y lo que queremos lograr para ese año con nuestra familia.

Ashlee: Es probable que usted esté pensando: *¿Qué tiene que ver esto con el sexo?* ¡Tiene todo que ver con el sexo! Pues, cuando un hombre se toma un tiempo para retirarse con su esposa, ¿qué significa eso para ella? *¡Significa seguridad!* Y, cuando el hombre satisface las necesidades de su esposa, entonces comienza a tocar la canción de Marvin Gaye, «Hagámoslo».

PROFUNDICEMOS

La esperanza de tener una gran vida sexual comienza con

- tener conversaciones periódicas, claras y sinceras sobre sexo

- no ser egoísta

- conocer el lenguaje de amor de su cónyuge y hacer algo todos los días para mostrarle amor a su pareja, además de ser espontáneo y aventurero

Puntos de diálogo

1. Programe una cita. Hombres, llamen a sus esposas e invítenlas a salir. Si necesitan buscar una niñera, consigan una. Laven su automóvil y prepárense como solían hacerlo cuando eran novios. No tiene que ser un lugar de lujo, pero inviertan en ella su tiempo y su atención. Mujeres, visiten un *spa* y arréglense para sus esposos. Disfruten de la noche y asegúrense de planear una cita nocturna con regularidad.

2. Encuentre un lugar donde usted y su cónyuge puedan hablar amplia y sinceramente sobre sexo. Explíquele a su cónyuge lo que le gusta y lo que le desagrada sobre el sexo.

3. Tómense el tiempo para orar juntos por su vida sexual. Pida perdón si es necesario. Recuerde que Dios creó el sexo para que lo disfrutaran el esposo y la esposa, así que no deje que Satanás intente robarle de ninguna manera. Crea que Dios puede sanar, restaurar y fortalecer su vida sexual.

10

Declare vida sobre su matrimonio

Por tu gran amor guías al pueblo que has rescatado;
por tu fuerza los llevas a tu santa morada.

—Éxodo 15.13

El éxito no es definitivo, el fracaso no es fatídico.
Lo que cuenta es el valor para continuar.

—Winston Churchill

Paso a paso

Ashlee: Una cosa que hemos aprendido en veinte años de casados es que un matrimonio fuerte se forja al optar por amar lo que a veces no se puede amar y al decidir avanzar hacia la sanidad y hacia el matrimonio que esperábamos. Nos tomó los primeros cinco años de nuestra unión para llegar allí, pero oramos para que, si todavía no está usted allí, Dios acelere su sanidad a medida que avancen juntos en el misericordioso amor del Señor. Primero debe creer que la Palabra de Dios y Sus promesas son verdaderas.

Los israelitas en el Antiguo Testamento tenían esta misma encrucijada. Si querían avanzar hacia su tierra prometida, tenían que creerle a Dios. Moisés sacó a los israelitas de su cautiverio, de su pasado y de la esclavitud que soportaron por cientos de años (Éx 14). Mientras estaban acampando junto al Mar Rojo después de salir de Egipto, el Faraón, rey de Egipto, cambió de parecer y decidió que no quería perderlos como esclavos. Así que envió sus mejores oficiales y carros de batalla a perseguirlos.

A medida que los egipcios se acercaban a los israelitas, estos se aterrorizaron y empezaron a quejarse contra Moisés: «¿Acaso no había sepulcros en Egipto, que nos sacaste de allá para morir en el desierto? ¿Qué has hecho con nosotros? ¿Para qué nos sacaste de Egipto? Ya en Egipto te decíamos: "¡Déjanos en paz! ¡Preferimos servir a los egipcios!". ¡Mejor nos hubiera sido servir a los egipcios que morir en el desierto!» (Éx 14.11-12).

Moisés respondió: «No tengan miedo. Dios peleará por ustedes. Solo necesitan estar quietos» (Éx 14.13, parafraseado).

Pero el Señor le dijo a Moisés: «Diles a los israelitas que sigan adelante».

Puedo imaginar a Dios diciéndole eso a Moisés y me da risa. Me imagino a Dios diciendo algo como: «¿Por qué les dices que se queden quietos, si lo que necesitan es moverse? Atiende, ¿acaso no ves que su pasado viene por ellos? ¡*Diles que se muevan!*».

Entonces Dios ordenó a Moisés que levantara su vara para crear un camino para los israelitas a través del Mar Rojo.

Leí estos versículos por primera vez en el verano del 2004, cuando asistí a un estudio bíblico de Beth Moore titulado *Creerle a Dios*. Me sentí como si estuviera en una situación parecida a la de los israelitas, en la que tenía que tomar una decisión clave: quedarme donde estaba, estar quieta o seguir adelante. Dado que Clayton y yo habíamos salido del valle profundo en nuestro matrimonio, nuestra relación estaba prosperando y nuestro matrimonio se fortalecía. En el invierno del 2003, ambos sentimos que nuestra estadía en el este de Texas estaba terminando y que Dios estaba a punto de movernos. No teníamos idea para dónde iríamos, pero Dios nos había dicho, a cada uno individualmente, que íbamos a mudarnos.

Lo único que podíamos hacer era orar y confiar en Dios.

Clayton se me acercó un día y me preguntó: «Oye, ¿qué piensas de conducir un fin de semana a Houston y visitar Lakewood Church?».

Yo le respondí: «Está bien, pero espero que no estés pensando que Dios nos llevará allí, porque *jamás* viviré en Houston. Hace calor y el tráfico es terrible». (¡Ja! Me río de eso ahora. Es gracioso cuántas veces le he dicho a Dios que *jamás* haré «eso» y luego termino haciendo eso precisamente).

Clayton dijo con cierta gracia: «Está bien, no nos mudaremos allí, solo vamos de visita».

Un mes después, cuando visitamos la congregación de Lakewood Church, literalmente lloramos durante todo el servicio. Todo lo que el pastor Joel expresó en su mensaje fue exactamente lo que habíamos estado percibiendo en nuestro espíritu respecto a dónde Dios nos estaba llevando. Los dos sentimos paz. Yo sabía que Dios nos estaba diciendo: «Aquí es donde los voy a establecer», y Clayton también lo sabía. Ahora la cuestión era: ¿Cómo va a suceder esto? ¿Nos van a ofrecer un trabajo hoy?

Por supuesto que no fue así como sucedió. Nadie en Lakewood Church nos conocía. Una cosa es orar por un trabajo que le han ofrecido y otra muy distinta es orar por un trabajo en una iglesia donde nadie lo conoce. De modo que pensé: *Además, nosotros somos del pequeño este de Texas, de una iglesia de aproximadamente mil miembros, y ¿estamos esperando que una iglesia de treinta mil miembros nos ofrezca un trabajo?*

Clayton y yo comenzamos a orar y, cuando digo orar, me refiero a poner el rostro en el piso y clamar a voces... Hablo de ese tipo de oraciones. Pensábamos en ir a un lugar al que nadie nos pedía que fuéramos. Además, debíamos pensar en dejar a nuestras familias y a todos nuestros amigos.

En los siguientes siete meses, vendimos nuestra casa, nos mudamos con los padres de Clayton y visitamos Lakewood todos los meses. Al cabo de ese tiempo, sin ningún rastro de puertas abiertas, nos pareció que tal vez habíamos perdido el tiempo de Dios. Así que compramos una casa a la que había que hacerle reparaciones y comenzamos el proceso de remodelación. En medio de aquello, Clayton recibió una llamada telefónica de Craig Johnson, quien en ese tiempo era el pastor de niños en Lakewood, para informarnos que quería reunirse con nosotros en Houston.

Clayton se emocionó, ¡pero le dije que no! Dejé de creer, acabábamos de comprar una casa y estábamos en proceso de repararla nosotros mismos. Sabía que, el pasado mes de enero, Dios nos había dicho que iríamos a vivir en Lakewood, pero estaba cansada de creer y nada sucedía. Fue nuestra primera gran pelea en tres años. Yo estaba resuelta a quedarnos donde estábamos. Recuerdo a Clayton suplicándome que diera ese paso de fe con él y que fuéramos a Houston para reunirnos con Craig. Yo le respondí: «¡No lo haré! Tengo que irme. ¡Ya estoy tarde para mi estudio bíblico *Creerle a Dios!*». Cerré la puerta de golpe y me fui. (¡Ah, qué ironía!).

Recuerdo haber clamado a Dios de este modo durante mi trayecto a la iglesia: «Dios, ¿qué se supone que debemos hacer? No quiero ir. No quiero hacerlo».

En el estudio bíblico de esa semana, escuché a Beth Moore enseñar sobre Éxodo 14 en una pequeña sala de confraternidad con un grupo de unas treinta mujeres. Nos dijo que los israelitas deseaban poder regresar cuando estaban entre los egipcios y el Mar Rojo. No obstante, cuando Moisés dijo: «Quédense quietos», Dios ordenó: «¡Sigan adelante!».

Beth explicó que el Señor le preguntó a Moisés: «¿Por qué clamas a mí?» (v. 15). Ella dijo que a veces clamamos a Dios: «Señor, dime qué hacer, ¡dime qué hacer!». Y el Señor responde: «¡Ya te dije qué hacer y solo estás esperando una nueva respuesta!».

Entonces pensé: *Está bien, Dios, ¡te escucho!*

Beth dijo que cuando Dios nos da una instrucción, también nos capacita para obedecerla. Por lo tanto, debemos darnos prisa y obedecer. Mientras más esperamos, más se debilita el poder y más débiles nos volvemos.

Al final de su mensaje, ella dijo: «Si te encuentras en una crisis de fe e indecisión, mirando hacia adelante y hacia atrás, pero sabes que Dios te está diciendo que avances y quieres comprometerte para hacerlo, deseo que te arrodilles ahora para orar por ti».

Yo estaba en el fondo del salón y de inmediato caí al suelo y comencé a sollozar mientras ella oraba. Sabía que Dios me estaba diciendo que creyera en Él y que me dirigiera a nuestra tierra prometida. Regresé a casa y le dije a Clayton lo que Dios me había revelado durante el estudio de la Biblia y que entendía que debíamos ir a Houston. Le pedí que me perdonara por no creer.

Viajamos a Houston para reunirnos con Craig en julio del 2004. Además, comencé a orar y a creer en Dios otra vez. En noviembre, Craig llamó a Clayton y le ofreció un trabajo en el departamento ministerial de niños y el 30 de diciembre del 2004, en mi cumpleaños número treinta, nos mudamos a Houston para trabajar en Lakewood Church. Me alegra mucho haber seguido creyendo y avanzando en mi fe.

Sé que fue nuestra fe persistente lo que abrió las puertas a nuestra tierra prometida.

¡Muévase!

¿Está en un punto de incertidumbre en su matrimonio? ¿Ha estado dando pasos con esfuerzo, pero siente que no sucede nada? ¿Está pensando que preferiría mantener las cosas como siempre han estado y dejar de creer que pueden mejorar? ¿O simplemente está sentado, esperando que Dios le dé otra opción? *¿Divorcio? ¿Podría ser esa mi opción, Dios?* Usted podría estar pensando eso, pero sabe que Dios le ha dado una promesa para su matrimonio.

Puede que esté leyendo esto ahora y que su corazón lata con fuerza y sepa que Dios le está hablando. La promesa que Dios le hizo para la restauración de su matrimonio puede suceder, ¡pero usted debe *moverse*! Podría pensar: *Son tantas las cosas dolorosas de nuestro pasado que nos impiden avanzar. No hay esperanza.*

Quiero compartirle algunos versículos de Éxodo 14:

Entonces el ángel de Dios, que marchaba al frente del ejército israelita, se dio vuelta y fue a situarse detrás de este. Lo mismo sucedió con la columna de nube, que dejó su puesto de vanguardia y se desplazó hacia la retaguardia, quedando entre los egipcios y los israelitas. Durante toda la noche, la nube fue oscuridad para unos y luz para otros, así que en toda esa noche no pudieron acercarse los unos a los otros. (vv. 19-20)

¡Me encanta! ¿Se percató? Dios iba delante de ellos, pero cuando comenzaron a avanzar, se colocó detrás de ellos para ponerse entre los israelitas y su pasado, su esclavitud. Mientras avance con Dios y confíe en que restaurará su matrimonio, Él se ubicará detrás de usted y bloqueará el pasado con su esclavitud para no permitirle llegar a usted.

La Biblia continúa diciendo que Dios confundió al enemigo. Cuando Satanás sabe que usted está creyendo en Dios se asusta porque conoce el poder que proviene de creerle a Él. Mateo 9.29 dice que Dios actuará de acuerdo a nuestra fe. ¡Créale! Hebreos 11.6 dice que Él recompensa a los que lo buscan diligentemente. Espere una recompensa acorde a su fe.

Eso fue lo que tuve que hacer cuando seguimos la instrucción de Dios de venir a Lakewood. Alguien de nuestra ciudad nos dijo: «Lakewood tiene treinta mil miembros, ¿para qué los necesitarían allá?».

Yo respondí: «No lo sé, pero sé lo que Dios nos dijo y sé que, si solo creo y busco a Dios, ¡tengo una recompensa por venir!».

Aun cuando estoy equivocada y no obedezco a Dios a la perfección, tengo una recompensa esperando por mí. Su Palabra no dice que recompensa a los que eligen *correctamente*, ¡dice que recompensa a los que *creen y lo buscan*! ¿Qué es lo que tiene que perder? Opte por creerle a Él, por el bien de su matrimonio.

Póngase de rodillas y comprométase con Dios a seguir adelante. Haga la siguiente oración con su cónyuge. Si su cónyuge no está con usted en este momento o si no quiere orar con usted, entonces póngase de rodillas y crea por los dos.

Señor Jesús:

¡Confiamos en ti! Creemos que eres quien dices ser y que puedes hacer lo que dices que puedes hacer. Ve delante de nosotros, Dios, y crea un camino a medida que avancemos hacia nuestra tierra prometida, mientras hablamos a los huesos secos para que cobren vida nuevamente y le ordenamos a esa montaña: «¡Muévete!». Señor, también te pedimos que nos respaldes y que impidas cualquier intento del enemigo de destruir nuestro matrimonio.

Le hablamos al pasado y a todo lo que nos tenga en cautiverio y decimos: «¡Muévanse!». Además, Dios, te pedimos que confundas esa esclavitud como lo hiciste con los egipcios, para que ni siquiera sepa cómo atacarnos más y límpianos de todo ese pasado como lo hiciste cuando el Mar Rojo cayó sobre los egipcios. Te agradecemos que continúes guiándonos con tu amor infalible y con tu fuerza. Tú nos guiarás a tu santa morada, ¡a nuestra tierra prometida!

Ayúdanos a elegir amarnos el uno al otro todos los días hasta que la muerte nos separe. Sabemos que con tu ayuda y tu guía podemos tener el matrimonio que siempre hemos esperado y soñado.

En el nombre de Jesús, amén.

Identifique su cilicio, elimínelo y vístase de alegría

Ashlee: Ya mencioné lo difícil que fue para mí escribir sobre el tema de la intimidad. Llevé la vergüenza por tantos años, que era como si la usara cual prenda de vestir; casi como si fuera Hester Prynne, de la novela *La letra escarlata*. Así como ella, que se vio obligada a usar una letra *A* en su vestido para avergonzarla delante de todos, yo me forzaba a usar una *V* grande, que representaba mi vergüenza y me impedía llegar a mi tierra prometida.

Cuando comencé a escribir ese capítulo, temía tener que volver a vestir esa prenda de vergüenza para tratar sobre esos recuerdos. Sin embargo, eso me trajo más sanidad, porque estaba recordando desde un estado de restauración. Así que pude detenerme mientras escribía, clamar a Dios y agradecerle por ayudarme a atravesar esa época y por no abandonarme.

Clayton y yo pudimos hablar de nuevo sobre esa etapa, lo cual trajo más sanidad a nuestro matrimonio. Derramamos lágrimas, pero ello trajo consigo un nivel aún más profundo de intimidad. Me identifico mucho con este pasaje: «Has cambiado mi lamento en baile; desataste mi cilicio, y me ceñiste de alegría. Por tanto, a ti cantaré, gloria mía, y no estaré callado» (Sal 30.11-12, RVR1960). El *Diccionario Harper de la Biblia* afirma: «La prenda de cilicio era muy incómoda y por eso la usaban los que estaban de luto».[7]

Supongo que podría llamarla ropa triste. En los tiempos de Ester, nadie entraba en el palacio del rey con vestido de cilicio (Est 4.2, RVR1960). Si yo no me hubiera despojado de esas vestiduras tristes y si no me hubiera dispuesto para sanar, todavía estaría luchando en esa área. Eso me habría impedido entrar en el recinto del Rey de reyes y ser completamente sanada. Me pregunto cuántos de ustedes estarán pensando: *Deseo avanzar hacia mi tierra prometida, pero usted no ha visto mis vestiduras de cilicio. Traen consigo un dolor profundo.*

¿Podrían esas vestiduras tener una *D* que indique divorcio? Usted puede estar pensando: *Amo a mi cónyuge, pero no puedo olvidar que ya he tenido un divorcio. Estoy muy avergonzado. No puedo avanzar porque mi pasado me paraliza.*

Tenemos unos buenos amigos que tienen una maravillosa familia mixta. Ambos tienen hijos de sus matrimonios anteriores y todos se llevan bien y se aman como si fueran parientes consanguíneos. La madre siempre publica fotos en las redes sociales de las fiestas extraordinarias que ella hace para toda su familia y sus amigos. Además, lleva registro de los emocionantes viajes que hacen todos juntos. Ella es una de las personas más amorosas y generosas que conozco. Estoy segura de que a la mayoría de personas le encantaría ser parte de esa familia.

Fue una gran sorpresa cuando ella me confesó que estaba avergonzada de haberse divorciado de su primer marido y que desearía tener un recorrido matrimonial tan extenso como el de Clayton y yo. Nunca lo habría imaginado. Por eso le dije: «¿Estás bromeando? Hay tantas personas que desean tener la familia fuerte y cariñosa que tienes. Eres una de las personas más extraordinarias que conozco».

Es impresionante cómo creemos las mentiras que Satanás nos dice. Lo más probable es que nadie más pensara esas cosas sobre ella. Sin embargo, como tenía esa percepción sobre sí misma, ella sola se había vestido de cilicio.

¿Tiene su vestido de luto una *V* de víctima? ¿Fue abusado de algún modo y simplemente no puede superarlo? Pensé que había sanado, pero esos recuerdos seguían volviendo. A medida que decida avanzar hacia su tierra prometida, Dios no solo irá delante de usted, sino que irá detrás de usted y lo protegerá de su pasado. Cada vez que esos pensamientos lo sobrevengan, derrótelos con la espada del Espíritu y comience a declarar la Palabra de Dios sobre ellos.

Clayton: ¿Podría tener su ropa de cilicio una *A* que represente adicción? ¿Es su adicción al alcohol, a las drogas o a la pornografía demasiado fuerte como para vencerla? Tal vez haya intentado alejarse de ella, pero fue demasiado difícil.

Fui adicto al tabaco sin humo por casi diez años. En ese tiempo, hubo momentos en que me avergoncé del hábito. Traté de ocultarlo porque no quería ser juzgado ni menospreciado por mi familia y mis amigos. Procuré dejar el tabaco muchas veces y probaba con todo lo que escuchaba, pero todo fue en vano.

Varios amigos me animaron a dejar la adicción. Algunos incluso me lo suplicaron. Todas las etiquetas de advertencia e incluso los videos repugnantes que se muestran en las clases de salud no cambiaron mi forma de pensar. Hubo momentos en que sentí que tenía una *A* en mi camisa y que todos lo sabían. Incluso tuve un amigo cercano que usaba el mismo tabaco que yo y, poco después del día de su boda, notó una protuberancia en su boca. Unos meses más tarde, se sometió a unos procedimientos para tratar de eliminar el cáncer. Por desdicha, perdió la batalla contra el cáncer. Ojalá pudiera decir que eso me hizo renunciar al tabaco, pero no fue así.

Creí que estaba decepcionando a Dios o que tal vez no me amaba como antes. Después de intentarlo todo, incluso de huir de Dios por un tiempo, finalmente decidí correr hacia Él en busca de la ayuda que necesitaba. Recuerdo haber hecho una oración sencilla, algo así como: «Dios, por favor, quítame este deseo de tal modo que hasta el olor me dé náuseas». Dios respondió con gracia a esa oración. No se aleje de Dios si está lidiando con una adicción. Todo lo contrario, corra hacia Él tal como esté. Así como Dios quitó mi tristeza por la adicción, puede hacerlo por usted también. Dios puede sanar las adicciones instantáneamente o puede optar por trabajar a través de consejeros capacitados y de programas apropiados.

Ashlee: ¿Podría ser su vestido de cilicio como el mío, con una gran V de vergüenza? ¿Es la vergüenza de haber tenido sexo antes del matrimonio una carga demasiado pesada de acarrear? ¿O tuvo un bebé fuera del matrimonio? ¿O posiblemente tuvo un aborto y piensa que Dios no la perdonará? En todas estas situaciones, debemos decir: «¡Dios, gracias por tu favor!». Su gracia cubre multitud de pecados. Y puedo decirle ahora mismo que sus pecados, sean cuales sean, están cubiertos por el sacrificio de Jesús en la cruz. Camine en la gracia y en la misericordia que Dios tiene para usted. A veces sentía como si mi pasado me hubiera atrapado en arena movediza y yo tuviera que esforzarme por escapar, pero no levantaba la vista para ver que Dios estaba allí, esperando pacientemente para asir mi mano y sacarme de mi desorden.

Clayton: ¿Podría decirse que su vestido de cilicio está etiquetado con una F de fracaso? Ha fallado en su trabajo o en hacerse cargo de las finanzas de su familia y ha incurrido en una gran deuda. El fracaso me atormentó en una época de nuestro matrimonio. Por un período de dos años, habíamos acumulado alrededor de veinticinco mil dólares en deudas. Eso me paralizó por completo y me consumieron los pensamientos de impotencia. *¿Cómo voy a librarnos de esto? ¿De dónde vendrá el dinero extra?* Ashlee sabía que teníamos algunas deudas, pero no tenía idea de la cantidad, y yo no iba a decírselo. Creí que había fallado como hombre, como esposo y como padre. Era demasiado orgulloso como para pedir ayuda. Era demasiado engreído como para admitir cuando me equivocaba.

Eventualmente, tuve que lidiar con mi orgullo y admitir delante de Ashlee que necesitaba ayuda. Al principio ella estaba devastada. Pero luego reconoció que ambos éramos responsables. Algo se desató cuando nos reunimos y hablamos sobre nuestra deuda. Oramos y pedimos la ayuda de Dios. También decidimos saldar nuestras deudas y acabar con ellas para siempre. Leímos libros, consultamos algunos recursos extraordinarios y elaboramos un plan para salir de las deudas. Durante más de un año y medio, recortamos todos los gastos. No salimos a comer ni tomamos vacaciones. Eliminamos el servicio de cable, nos quedamos con un solo automóvil y comenzamos a tomar control de nuestros gastos monetarios.

Algo poderoso sucedió cuando trabajamos juntos como equipo. Sentimos que podíamos superar cualquier cosa. Ashlee me ayudó a deshacerme de mis vestiduras de cilicio y nunca más he sido el mismo.

Es un nuevo día

¿Está usando múltiples ropajes de cilicio que resultan en usar una gran letra *P*? Siente que es lo *peor*. No puede hacer nada bien. Le grita a su cónyuge, a sus hijos. Vienen a su mente pensamientos terribles y dice cosas que no quiere decir. Simplemente es incapaz de tomar el control. Los pecados o heridas de su pasado lo han golpeado demasiado como para seguir adelante.

Hoy es un nuevo día y un nuevo comienzo. Ahora es el momento de quitarse el vestido de cilicio y dejar que Dios lo vista de alegría. Deje que el gozo y el conocimiento de Dios sean la fortaleza en la cual se apoye en momentos de lucha. «El gran amor del Señor nunca se acaba, y su compasión jamás se agota. Cada mañana se renuevan sus bondades; ¡muy grande es su fidelidad!» (Lm 3.22-23). Su compasión y Su bondad por nosotros son nuevas cada mañana. Él es fiel a nosotros y *nunca* pierde la esperanza de que seamos sanados.

Joel y Shawna

Estábamos almorzando con nuestros amigos Joel y Shawna y nos hablaron de sus cuatro hijos. Tienen dos jóvenes gemelos, un niño y una niña, que están en la escuela secundaria.

Le pregunté a Shawna si los gemelos habían sido una sorpresa como lo fue Colton para nosotros. Ella respondió que no.

Me dijo que habían estado tratando de tener hijos durante un tiempo y que había tenido un aborto espontáneo. Mientras le hacían una ecografía, el técnico enmudeció y llamó al médico a la habitación. Él le explicó a Shawna que no encontraban el latido del corazón, que había tenido un aborto espontáneo y que era necesario practicarle un curetaje. Ella dijo que se fue a su casa, se metió en su clóset y lloró por horas.

Shawna me dijo que la forma en que ella recuerda los momentos importantes de su vida es guardando una prenda de vestir de esa temporada. Así que conservó la camiseta que llevaba puesta el día de la ecografía para recordar la pérdida.

Un año después, con un nuevo embarazo, regresó a la oficina de su ginecólogo y el técnico no pudo escuchar el latido del corazón a través del monitor. De nuevo el técnico llamó al médico. Él le explicó a Shawna que no escuchaba los latidos del corazón, pero esta vez no estaba seguro de que hubiera sufrido un aborto espontáneo. También le pidió que volviera en unos días y se hiciera otra ecografía. Shawna recordó la dolorosa pérdida del año anterior. Cuando llegó a casa, se puso la camiseta que usó cuando tuvo la pérdida, luego entró al clóset y comenzó a llorar como lo había hecho con su embarazo anterior.

Cuando Shawna cayó de rodillas y las lágrimas empezaron a caer, Dios le habló y le dijo: «Quítate esa camiseta y ponte una nueva. Este es un día nuevo».

Ella se levantó y obedeció al Señor.

Joel estaba fuera de la ciudad y tomó un avión de vuelta a casa para ir con Shawna a la próxima cita con el médico.

Cuando el técnico estaba haciendo el sonograma, emitió un sonido, algo así como un «Hmmm...».

Joel preguntó: «¿No puede encontrar el latido del corazón?».

El técnico respondió: «No puedo encontrar uno, porque ¡he encontrado dos latidos!».

Estaban esperando gemelos. ¡Doble bendición!

Creemos que Dios le está diciendo lo mismo que le dijo a Shawna. *¡Hoy es un día nuevo!* Su compasión por usted jamás se agota y hay algo nuevo para usted hoy. Deje de usar ese traje de cilicio, cualquiera que sea la etiqueta que lleve. Crea que Dios puede sanarlo. Las cicatrices que lleva de sus heridas o pecados del pasado tal vez nunca se borrarán de su memoria. No obstante, cuando pueda recordar sus faltas pasadas sin vestirlas como ropa, sabrá que se encuentra en un estado de sanidad y de fe en Dios: ¡estará en un lugar de restauración!

PROFUNDICEMOS

En el otoño del 2015, el pastor Joel lanzó un libro trans-formador llamado *El poder del Yo Soy*. En esa obra, él habla sobre lo poderosas que son las palabras *YO SOY* y la importancia de lo que las sigue. Ese libro nos ayudó a reconocer las cosas perjudiciales que hablábamos sobre nosotros mismos. Así que dejamos de decir esas cosas y empezamos a declarar vida.

Creemos que en el marco del matrimonio hay poder en la palabra *somos*. Pronunciar declaraciones de fe sobre su matrimonio hará que crezca la esperanza en cada uno de ustedes. Así como Ezequiel declaró vida sobre los huesos secos, nosotros debemos declarar: «Somos restaurados», «Optamos por amarnos el uno al otro», «Estamos superando nuestro pasado» y «Vamos a confiarle a Dios nuestro futuro juntos».

Cuando ambos hagan esas y otras declaraciones, ocurrirá una transformación en su matrimonio, tal como sucedió en el valle. Hay poder en sus palabras. No subestime el poder de la palabra «somos», ni el de las bendiciones que Dios derramará sobre su matrimonio cuando haga estas declaraciones en unidad.

Puntos de diálogo

1. Identifiquen un paso decisivo que ambos puedan dar para comenzar a fortalecer su matrimonio.

2. ¿Siente que tiene vestiduras de cilicio de una situación pasada? ¿Está dispuesto a intercambiarlas por

las que Dios quiere que usted vista? ¿Ha hablado con su cónyuge al respecto para poder orar juntos?

3. Haga una lista de declaraciones con la palabra «somos» que se apliquen a su situación actual. Ponga esa lista en algún lugar de su casa y pronuncie esas declaraciones sobre su matrimonio todos los días.

Jesús en el centro

Confía en el Señor de todo corazón, y no en
tu propia inteligencia. Reconócelo en todos
tus caminos, y él allanará tus sendas.

—Proverbios 3.5-6

No tengas miedo de confiarle un futuro
desconocido a un Dios conocido.

—Corrie ten Boom

¡Nos encantan las bodas! Ser testigos de un hombre y una mujer que entran en un pacto matrimonial mutuo y con Dios es una gran alegría.

Clayton: He oficiado muchas bodas y en cada una siempre hubo algo que hizo que fuera un día inolvidable para mí. He dejado caer el anillo de la novia durante la ceremonia. He oficiado una boda con la lengua de color azul brillante (ya aprendí a nunca pedir una pastilla para la tos, sin saber de qué tipo es, antes de subir al estrado). En una boda que realicé recientemente, el padrino de bodas dejó caer, por accidente, los anillos de boda en el forro de su chaqueta y, mientras buscaba desesperadamente en su bolsillo, traté con consternación de alargar el diálogo para evitar que la madre de la novia sufriera un ataque de pánico.

Una boda famosa

Al estudiar las antiguas costumbres judías, es obvio que también les encantaban las bodas. Las ceremonias de boda duraban muchos días y eran celebraciones para que las disfrutaran todos. Durante una de esas celebraciones de bodas registradas en Juan 2, ocurrió el primer milagro de Jesús.

Jesús, Sus discípulos, Su madre y toda la aldea de Caná habían ido a celebrar una boda. Iba a durar muchos días y habría mucho que comer y beber, o al menos eso pensaban.

Solo podemos imaginar lo que Jesús y Sus discípulos estaban haciendo en esa boda. Es probable que estuvieran, como la mayoría de los invitados, sentados disfrutando de la celebración. Tal vez hablaban de cómo Dios había reunido a la joven pareja. Mientras disfrutaban de la fiesta, quizás Jesús y Sus discípulos podían presentir que algo no estaba del todo bien. Algo estaba sucediendo que haría de esa una boda memorable. Podría haber resultado en una vergüenza para la familia que organizaba la celebración.

María, la madre de Jesús, se le acercó y le reveló el potencial desastre que se avecinaba. «Ya no tienen vino», dijo María (Jn 2.3). Observe que ella no le pidió ayuda a Jesús, sino que la asumió de antemano. Es como si Jesús hubiera estado en un rincón del recinto, pero María supiera que Su lugar legítimo estaba en el centro de esa situación.

Jesús respondió: «Eso no es nuestro problema». En otras palabras, no somos responsables de esta ceremonia, así que, ¿por qué tenemos que alarmarnos?

La respuesta de María fue brillante. Observe que no se rindió aun después de la primera reacción del Señor. Ella no dijo: «Ah, bueno. Lo intenté. No le importa». Al contrario, trajo a los sirvientes y les dijo: «¡Hagan lo que Él les diga!».

Luego Jesús hizo que llenaran seis tinajas de agua con capacidad de veinte a treinta galones (aproximadamente noventa litros). Esa agua se convirtió en vino.

Ese fue el primer milagro de Jesús. Un milagro que sucedió en una boda y que aconteció cuando Jesús tomó Su legítimo lugar en el centro de la boda.

María estaba mostrando lo que necesitamos hacer no solo el día de nuestra boda, sino también todos los días que le siguen. Necesitamos llevar a Jesús al lugar de honor en *cada* situación. Necesitamos invocarlo por fe para que nos ayude y debemos esperar resultados. Además, tenemos que estar preparados para que Él haga milagros.

―――――――

Durante nuestra ceremonia de boda, el pastor nos desafió a cada uno a mantener nuestro devocional diario con Dios como una prioridad. Sabíamos que tener un tiempo diario con Dios y con Su Palabra había sido importante cuando estábamos solteros, pero no había forma de que pudiéramos comprender la magnitud de su importancia en el matrimonio. Pronto descubrimos que no hay nada más importante que continuar desarrollando nuestra relación individual y personal con Dios todos los días. Leer Su Palabra y hablar con Él cada día nos preparará para tener éxito en nuestra vida y en nuestro matrimonio. Agregar un tiempo de devocional diario como pareja, con la lectura de la Palabra de Dios y con un tiempo de oración, puede revolucionar su matrimonio.

«Mantengan a Jesús en el centro de su matrimonio», nos dijo el pastor. Él sabía algo que nosotros ignorábamos, pues tenía experiencia directa que procuraba transmitirnos. Aunque parecíamos escuchar y comprender mientras nos mirábamos a los ojos, no teníamos ni idea de aquello.

Cuando encontramos a María en el segundo capítulo de Juan, está claro que ella entendía la importancia de mantener a Jesús en el centro. Todos deberíamos prestar atención al consejo que ella les dio a los sirvientes ese día en la celebración de la boda. *¡Hagan lo que Él les diga!* Los sirvientes tenían que tomar una decisión en medio del caos. Podrían haber pensado: «¿Quién es este hombre y por qué deberíamos obedecer a esta mujer?».

Tal vez habían intentado todo lo demás, así que, ¿qué tenían que perder? Generaciones después, agradecemos que esos sirvientes obedecieran. De la misma manera, si hacemos lo que Él nos dice que hagamos y si lo mantenemos en el centro de nuestros matrimonios, siempre habrá esperanza para nuestros hogares.

En el interior de cada uno de nosotros hay un lugar central o un trono en nuestro corazón. Tenemos la capacidad de poner a alguien o algo en ese trono todos los días. Seamos sinceros, muchas veces decidimos que nosotros sabemos lo que es mejor y nos sentamos en el trono de nuestra vida. Nos gusta el trono porque nos encanta ser jefes. Entonces nos enfocamos en *mí* en vez de en *nosotros*. Cuando anteponemos nuestras propias necesidades y deseos a las de nuestro cónyuge, estamos destinados a tener problemas mayores.

Richard y Sheri

Tenemos unos amigos muy queridos que han aprendido, a través de los años, la importancia de mantener a Jesús en el centro de su matrimonio. Si conocieran a Richard y Sheri ahora, nunca adivinarían cómo vivieron antes. Al principio, Sheri asistía a la iglesia, pero Richard era el director ejecutivo de la iglesia. Eso significa que él iba a la iglesia en Navidad, Pascua y otras fiestas importantes. Cada uno tenía hijos de matrimonios anteriores que, desafortunadamente, habían fracasado. Ellos decidieron que, si conocían a otra persona que les gustara, no considerarían el matrimonio como una opción. Ya habían pasado por eso y habían determinado que no era para ellos.

Se conocieron en la playa con algunos amigos en común. Sheri le dijo a Richard que era una exitosa directora de la empresa de cosméticos Mary Kay, y que su auto nuevo era el resultado de sus logros. Lo que ella no le dijo fue que su negocio se estaba derrumbando y que ya la habían contactado para que devolviera el automóvil. Richard también andaba con rodeos y medias verdades cuando le dijo a Sheri que tenía un negocio de construcción en crecimiento. Sheri se emocionó y le pareció que al fin había conocido a su hombre ideal y adinerado. Richard también se emocionó y creyó que no tendría que explicar sus asuntos porque había encontrado a su media naranja acaudalada. Ambos estaban viviendo de sueldo a sueldo y no tenían intenciones de casarse nuevamente. Así que decidieron vivir juntos.

Tuvieron mucha ansiedad y miedo al fusionar las dos familias. Su familia mixta tenía muchos altibajos, aunque nunca un momento aburrido. Cuando los niños no estaban, Richard usaba drogas y alcohol para aliviar el dolor de la realidad que invadía su vida. Sheri también consumía las sustancias para conectarse y complacer a Richard. Tras años de intentar ser felices y de alcanzar sus metas, se dieron cuenta de que faltaba algo. Eran tan infelices, que se volvieron destructivos el uno para el otro. Una noche, Richard se enojó tanto con Sheri, que apuntaló las puertas con clavos para que ella no pudiera entrar a la casa. Sheri confesó que había pensado envenenar a Richard, puesto que, en vez de otra relación fallida, pensaba que ser viuda luciría mejor ante sus amigos. Richard se dio cuenta de eso y, antes de comer, hacía que el perro probara la comida para ver si había algo dañino en ella.

Sheri estaba buscando algo más. Le parecía que debía existir algo más en esta vida que lo que ella y Richard estaban experimentando. Ella cuenta que un día se topó con el programa del pastor Joel en el servicio televisado de Lakewood. Sheri afirmó que quiso cambiar el canal, pero que simplemente no pudo. El pastor Joel era diferente de otros predicadores que había visto en la televisión. Él estaba sonriente y disertaba sobre una esperanza de la cual ella nunca había oído hablar y que ciertamente no tenía en su vida.

Sheri comenzó a ver el programa cada semana y le rogó a Richard que lo viera con ella. Ella esperaba que, al ver el programa, quizás el pastor Joel podría restaurar a Richard. Aunque él no se sentaba a mirar el programa, por lo general andaba cerca y algo escuchaba. Richard estaba seguro de que Sheri llamaba al pastor Joel todas las semanas y le decía lo que tenía que explicar en el sermón. Por alguna razón, cada vez que escuchaba el mensaje, el pastor Joel hablaba de algo con lo que Richard estaba lidiando. Él sabía que Sheri debía estar detrás de todo aquello.

Poco después, Richard y Sheri comenzaron a asistir a los servicios en Lakewood. Llegaban tarde y se sentaban en la parte trasera del santuario. No querían molestar a nadie ni que nadie los molestara. A veces iban a la iglesia después de salir de fiesta todo el fin de semana, pero incluso en el punto más bajo de su desesperación, algo seguía instándolos a asistir. Después de un tiempo, empezaron a asistir a la iglesia de forma periódica y a disfrutar del servicio. Habían escuchado al pastor Joel decir: «Denos un año de su vida y venga con la frecuencia que pueda. ¡Le aseguramos que su vida nunca será la misma!». Richard se dio cuenta de que, para ese entonces, ya habían estado asistiendo por un año con alguna frecuencia. Se inclinó hacia Sheri y le dijo: «Creo que vamos a necesitar otro año».

No mucho tiempo después, se pusieron de pie al final de uno de los servicios. Ambos decidieron responder al llamado para salvación que el pastor Joel les extendía: «Si su corazón dejara de latir en los próximos minutos, ¿está en paz con Dios? No estoy aquí para condenar a nadie, solo quiero ayudarle a encontrar un nuevo comienzo».

Eso era lo que habían estado buscando. Richard y Sheri necesitaban un nuevo comienzo para sus vidas y para su matrimonio. Estaban entusiasmados con esa nueva vida en Cristo de la que habían oído hablar por mucho tiempo. Jesús se estaba convirtiendo en el centro de sus vidas y de su matrimonio. Richard y Sheri finalmente se percataron de que no podían tener éxito en la vida si Jesús no estaba en el centro de ella. Eso sucedió hace más de doce años y, en el nuevo camino que han recorrido con Jesús como el centro de todo, tienen un matrimonio próspero y asombroso. Son unos de nuestros maestros de matrimonio más dedicados en Lakewood Church y han ayudado a muchas otras parejas. Su lema es: «Si Jesús pudo salvarnos a nosotros, puede salvar a cualquiera».

Como ambos son personas muy divertidas y Dios los ha sanado por completo de su pasado, han convertido su historia en una rutina de comedia. Dios les ha abierto las puertas para que hablen en iglesias, conferencias y retiros. Así ayudan a otras parejas a conocer a Jesús y contribuyen a que los matrimonios heridos sean sanados a través de la risa. A veces hacen un alto en el camino y se quedan asombrados por lo que Dios ha hecho con sus vidas. Un día nos dijeron: «No había forma de que lo lográramos solos».

Mantener a Jesús en el centro de su matrimonio suena como algo sencillo y realmente puede serlo. Es un paso que damos a diario. Así como Richard y Sheri tuvieron que optar por asistir a la iglesia y leer la Biblia periódicamente, tenemos la oportunidad de poner a Dios en primer lugar en nuestros corazones cada día. Seamos francos, unos días tomamos la decisión correcta y otros no. A veces debemos decidirlo momento a momento. ¿Confiamos en nosotros mismos como eje de todo o ponemos a Dios en el centro?

––––––––––

Era obvio para nosotros que no mantuvimos a Jesús en el centro de nuestro matrimonio durante los primeros cinco años. Por ese motivo, pagamos el precio y nos vimos en el valle de los huesos secos. Tener un matrimonio centrado en Cristo no garantiza que todo será fácil, pero asegura que, a través de todo lo que enfrentemos, Él estará con nosotros. Esa es una gran promesa a recordar cuando se enfrente a las dificultades aparentemente insuperables en el trayecto de su matrimonio. Es durante esos momentos que puede acercarse más a Dios y a su cónyuge.

Clayton: Sufrimos lo que parecía un desafío insuperable un año después de que nos mudamos a Houston. ¿Se acuerda de mi ropa de cilicio con la F de fracaso? A continuación, detallo más al respecto. Estaba trabajando en el ministerio de niños a tiempo completo y Ashlee era voluntaria. Ella fue muy valiosa en la implementación de muchos nuevos elementos de video y drama. Durante ese tiempo, Lakewood Church me favorecía pagando mi seguro de salud como empleado de tiempo completo, por lo que yo pagaba por el de Ashlee y el de nuestra hija mayor. Estábamos comprando un nuevo seguro de salud para Ashlee cuando decidí cancelar su cobertura mientras hallaba algo mejor. Como habíamos estado tratando de tener otro bebé durante los últimos dos años, intenté encontrar un seguro que tuviera una excelente cobertura de maternidad. Ahora que lo pienso, cancelar el seguro no fue la mejor decisión.

En la primavera, recibí una llamada de Ashlee. A través de sus sollozos, escuché que me pedía que fuera a casa. Tenía tanto dolor, que no podía levantarse del piso del comedor donde se había derrumbado. Recogí a nuestra hija en la guardería y corrí a casa. Me encontré a Ashlee todavía en el suelo llorando. Tenía un dolor tan intenso en el abdomen, que me pidió que la golpeara para distraerse del dolor. Sin más demora, llevé a nuestra hija a la casa de un amigo y corrí con Ashlee a la sala de emergencias.

Si hubo un momento en que necesitáramos a Jesús en el centro de nuestras vidas y nuestro matrimonio, fue ese día.

Al fin nos acompañaron a la sala de exámenes. Ashlee se sentía terrible. Tras realizar algunas pruebas, determinaron que tenía un quiste del tamaño de una toronja y que necesitaban programar una cirugía para la mañana siguiente. A Ashlee nunca la habían operado y estaba muy asustada. Yo no tenía miedo porque sabía que Dios cuidaría de ella y que se pondría bien. Pero tenía temor por otra razón.

Recuerdo haber besado a Ashlee en la mejilla cuando la medicina para el dolor finalmente hizo su efecto y ella pudo dormir. Salí al estacionamiento en silencio y me desplomé en el asiento delantero de nuestro auto. Una inmensa sensación de desánimo me invadió esa tarde. Ashlee no tenía seguro de salud y todo era por culpa mía. *¿Cuánto cuesta algo como esto?*, pensé. *¿Cómo es posible que a dos semanas de no tener seguro pueda suceder esto?*

Regresamos a casa unos días después. Ashlee estaba camino a recuperarse y ambos estábamos agradecidos de que el procedimiento hubiera sido un éxito. Pero nuestra alegría pronto se eclipsó cuando, la semana siguiente, nos enfrentamos con más de cuarenta mil dólares en facturas de médicos y hospitales.

De inmediato comencé a pensar: *¿Cómo voy a resolver este lío?* Estaba sintiendo mucha presión y me parecía que todo estaba sobre mis hombros. Tal vez debía comenzar a buscar un segundo trabajo o a vender cosas de la casa. En solo unos instantes, el miedo había reemplazado a Dios en el centro de mi vida. Yo tendría que arreglar ese desastre que había provocado.

Muchas semanas después de la cirugía, todavía estaba luchando con el peso de esa montaña de deudas. No quería llamar la atención de Ashlee porque ya estaba deprimida, no solo por la deuda, sino porque le dijeron que el quiste lo causó una endometriosis. Sus esperanzas de tener otro niño fueron demolidas.

No celebramos cuando se recuperó de la cirugía. Tampoco alabamos a Dios porque, cuando el médico le quitó el quiste, pudo reparar el daño que había causado la endometriosis. Una enorme sensación de desaliento abrumó nuestra esperanza en Jesús y no había lugar para nada positivo. Los dos estábamos paralizados por el miedo y nos sentimos atrapados y sin salida.

La montaña del miedo y la deuda

Al fin llegamos a un punto en que ya no podíamos seguir bajo ese miedo. Comenzamos a confiar en Dios, a hablar en contra de nuestros temores y a declarar la Palabra de Dios sobre nuestra vida. Jesús dijo: «Les aseguro que, si tienen fe tan pequeña como un grano de mostaza, podrán decirle a esta montaña: "Trasládate de aquí para allá", y se trasladaría. Para ustedes nada sería imposible» (Mt 17.20).

Solo teníamos un poquito de fe, pero comenzamos a hablarle a la montaña. Recuerdo que tomé las manos de Ashlee, nos arrodillamos y oramos juntos por la deuda. Decidimos creer que Dios abriría un camino, aunque no viéramos cómo lo podía hacer. Por fe pusimos a Dios en el centro de esa situación y, cada vez que comenzábamos a temer, declarábamos la Palabra de Dios sobre nosotros. Pronunciábamos textos bíblicos como Proverbios 3.5-6: «Señor, confiamos en ti y no nos apoyamos en nuestro propio entendimiento. Te reconocemos y sabemos que allanarás nuestras sendas»; o Hebreos 11.6: «Sabemos que recompensas a los que te buscan diligentemente» (paráfrasis del autor).

Unas semanas más tarde, estábamos en una reunión de empleados en la iglesia y se nos dio la oportunidad de compartir nuestras peticiones de oración. Todos oraron por la sanidad de Ashlee cuando se realizó la cirugía, pero no sabían que ella no tenía seguro ni tenían conocimiento de la deuda en la que habíamos incurrido. Después de relatar los detalles de la historia, llorando durante la mayor parte, alguien me ofreció un consejo sabio. Me recomendó que esperara hasta que llegaran todas las facturas y que luego contactará personalmente al hospital y a los médicos. Dijo que preguntara, considerando que no teníamos seguro, a qué arreglo podíamos llegar si pudiéramos pagarles en efectivo en cuarenta y cinco días o menos. Yo pensé: *No tenemos dinero extra*. Pero decidimos enfrentar la montaña y ver qué sucedía.

Después de hacer algunas llamadas telefónicas, nuestra deuda de cuarenta mil dólares se redujo a veinte mil. Eso fue emocionante, pero aún abrumador. Sin embargo, no perdimos la esperanza. Decidimos declarar la Palabra de Dios a esa montaña con más fuerza y con más fe. Usamos pasajes bíblicos como Filipenses 4.19, que dice: «Así que mi Dios les proveerá de todo lo que necesiten, conforme a las gloriosas riquezas que tiene en Cristo Jesús». Oramos contra el temor a través de 2 Timoteo 1.7 (NTV): «Pues Dios no nos ha dado un espíritu de temor y timidez sino de poder, amor y autodisciplina». Así orábamos también: «Por tanto, no caminaremos con miedo, sino con amor, con poder y con una mente sana para escucharte claramente».

Casi una semana más tarde, fuimos al buzón de correo y encontramos algo totalmente inesperado: una carta hermosa y un cheque por diez mil dólares de un miembro de la familia que había oído hablar de nuestra situación. ¡No podíamos creerlo! ¡Estábamos más que sorprendidos! Pasamos de cuarenta mil dólares en deuda a veinte mil dólares y ahora a diez mil dólares. Pero Dios no se detuvo en ese punto.

Al día siguiente, recibí una llamada telefónica de un miembro de la iglesia que quería pagar el resto de nuestra deuda. Me dijo: «Queremos hacer esto por ustedes. ¿Por cuánto debo hacer el cheque para ponerlo en el correo?».

Así que le dije a Ashlee:

—No vas a creer de qué se trató esa llamada telefónica.

—¡Alguien está ofreciendo pagar el resto de nuestra deuda! —me respondió.

—¿Qué? —exclamé—. ¿Cómo lo supiste?

—Después de orar y creer que Dios lo haría, ¡simplemente sabía que iba a suceder! ¡La montaña desapareció!

Usted creerá que ese fue el final de la historia. Dios pagó los cuarenta mil dólares. ¡Qué gran milagro! Pero usted sabe cómo es Dios, siempre tiene algo más con que sorprendernos. Dos meses después escuché a Ashlee gritar desde el baño. Pensé: *¡Oh, no! ¡Otro quiste no!* Corrí a la puerta del baño y grité:

—¿Estás bien? ¿Qué pasa?

Ella abrió la puerta con lágrimas en los ojos. En sus manos sostenía una prueba de embarazo positiva.

—¿Puedes creerlo? —exclamó.

Lloramos mientras nos abrazábamos. Dos meses antes, estábamos derramando lágrimas de desesperanza y ahora las derramábamos de alegría. La montaña no solo se movió, fue destruida. Y sabíamos, sin lugar a dudas, que era porque pusimos a Cristo en el centro de nuestra situación.

Orar juntos coloca a Dios en el centro

Hay mucho poder cuando dos personas oran juntas, especialmente en el matrimonio. Creemos que no hay dos fuerzas más grandes contra los enemigos de la vida que un esposo y una esposa que se unen en oración. Pablo dijo que el mismo poder que resucitó a Cristo de entre los muertos está a nuestra disposición si creemos en Él (Ef 1.19-20). ¿Pueden imaginarse el asombroso poder que ustedes, como pareja, están activando cuando ambos creen y se ponen de acuerdo mediante la oración? Orar juntos es también una manera de invitar a Dios al centro de sus vidas, en cada situación. Jesús dijo: «Además les digo que, si dos de ustedes en la tierra se ponen de acuerdo sobre cualquier cosa que pidan, les será concedida por mi Padre que está en el cielo. Porque donde dos o tres se reúnen en mi nombre, allí estoy yo en medio de ellos» (Mt 18.19-20).

Ashlee: Dos personas a las que he visto crecer en sus vidas de oración son mis padres. Crecí en un hogar lleno de amor con unos padres que, como yo sabía, se amaban profundamente. La asistencia semanal a la iglesia era muy importante para mi madre, así que rara vez faltábamos. La importancia de estar conectados con un cuerpo eclesial se arraigó en mí, y siempre estaré agradecida con mis padres por eso. Aunque la iglesia era crucial, en nuestra casa solo se oraba antes de las comidas y en días feriados. Nunca vi a mis padres orar juntos mientras crecía. No obstante, en la adultez he sido testigo de cómo la oración se ha convertido en una parte esencial de sus vidas.

Mis padres no tenían mucho dinero cuando yo era pequeña. El dinero siempre escaseaba. Con cuatro niños dentro, nuestra casa a veces parecía demasiado pequeña. A mi madre le encantaba cocinar, pero la cocina era tan pequeña como un armario de tamaño mediano. Mis padres soñaban con construir una granja en una gran extensión de tierra con una cocina grande donde todos pudiéramos sentarnos y hablar con mamá mientras ella cocinaba. Siempre había revistas en torno a los planes y diseños de las casas que mis padres querían. Solían marcar lo que les encantaba en esas revistas e incluso comenzaron a crear su propio plano de la casa de sus sueños. Ciertamente no tenían el dinero en ese momento para construir una casa, pero eso no les impedía soñar, planear y orar para que Dios les diera las finanzas para construirla algún día. Recuerdo haber visto esas revistas ya en la década de 1980. A menudo les preguntaba: «¿Alguna vez van a construir esa casa?». En el 2002, compraron tres hectáreas (siete acres) de tierra, pero todavía no tenían los fondos necesarios para construir la casa. Dos años más tarde edificaron una pequeña vivienda de metal en el terreno y comenzaron a prepararse para la obra. Vivieron ahí por cinco años antes de que decidieran que era hora de construir. Mi padre me dijo que un día salió al portal y dijo: «Yo voy a construir esa casa». Y cuando dijo «yo», estaba hablando en serio.

Había aprendido mucho sobre construcción y remodelación de casas, por lo que decidió que él sería el contratista principal. Más tarde, se dio cuenta de que la responsabilidad era mucha para él solo. Fue entonces cuando mi madre dijo: «Tenemos que comenzar a orar juntos para asegurarnos de que este es el plan y la voluntad de Dios».

Cuando comenzaron el proceso de construcción, les sorprendió la manera en que el Señor tuvo cuidado hasta de los detalles más pequeños. Los favoreció con personas que normalmente no estarían disponibles: contratistas que, por lo general, solo trabajan para empresas constructoras. Mis padres comenzaron la obra con fe cuando nuestro país estaba en una recesión y los contratistas estaban buscando hacer negocios. Fueron bendecidos con muchos de los mejores contratistas en el área, desde la compañía que construyó la plataforma de tierra hasta los pintores.

La mayoría de los artefactos de iluminación y los ventiladores de techo provenían de una empresa que se mudaba de ubicación y tenía todo a la venta a mitad de precio.

Una empresa envió las puertas equivocadas. Como el costo de reordenarlas era más de lo que la compañía quería gastar, se las dieron sin costo alguno.

Para uno de los baños, compraron un remanente de un pedazo de arenisca después de comprar el fregadero, sin saber si quedarían bien juntos. Cuando mamá recogió el fregadero de la tienda, abrió la caja y su primera reacción fue: «¡Oh, no, voy a tener que volver a pedir el fregadero!». Pero, para su sorpresa, el fregadero y la arenisca encajaban perfectamente. Esta fue otra de las ocasiones en las que el Señor orquestó todo a la perfección.

Cuando llegó el granito para la isla de la cocina, Mamá estaba tan emocionada, que exclamó en repetidas ocasiones lo maravilloso que era Dios por haber hecho esa hermosa pieza de roca con minerales. Nos dijo que los trabajadores que instalaron todo probablemente pensaron que estaba un poco loca. ¡Pero a ella no le importaba! ¡Estaba alabando a Dios y dándole toda la gloria!

Hubo muchos otros toques orquestados por Dios en esa casa, demasiados para enumerarlos. Mi padre dijo: «Creo que lo más importante es lo que aprendimos de todo esto: que no se trata del destino, sino del trayecto, el cual consistió en aprender a confiar en Dios. Fue una enseñanza sobre la oración. Tu madre y yo realmente oramos juntos por primera vez. Esa es la bendición más grande y continúa hasta hoy. Ahora sé que, lo que pensamos que queríamos y lo que Dios sabía que necesitábamos, eran dos cosas diferentes. Al final fuimos bendecidos con esta fantástica casa».

¡Ah, cómo ha disfrutado nuestra familia de esa casa los últimos siete años! Hemos vivido muchos momentos memorables en ella. Agradecemos que Dios haya bendecido a mis padres con el milagro de esa casa.

PROFUNDICEMOS

Queremos asegurarnos de que usted entienda que la esperanza de su matrimonio se inicia y concluye con Jesús. Cuando usted coloca a Dios en el centro de su matrimonio cada día, Él puede soplar aliento de vida en esos huesos secos. ¡Declare la Palabra de Dios sobre su matrimonio! Comiencen a orar juntos como pareja todos los días. Haga de esto un hábito. Comience poco a poco y verá lo que ha de suceder.

Puntos de diálogo

1. Pregúntele a su cónyuge: «¿Alguna vez hubo un momento en que la situación a la que nos enfrentábamos te haya abrumado?».

2. Como pareja, identifiquen algunas montañas grandes en su matrimonio con las que deben permitirle a Dios lidiar.

3. Al comenzar a orar juntos como pareja y al ver a Dios obrar en favor de ustedes, ¿qué cosas les gustaría agregar a su lista de oración?

Epílogo

Un legado matrimonial que vale la pena

Que se escriba esto para las generaciones futuras,
y que el pueblo que será creado alabe al SEÑOR.

—SALMOS 102.18

El mayor legado que uno puede transmitir a los hijos
y nietos no es dinero ni otras cosas materiales que se
acumulan en la vida, sino un legado de carácter y fe.

—BILLY GRAHAM

Cuando nos propusieron que escribiéramos un libro sobre matrimonio, nuestra primera reacción fue: «¿Quiénes, nosotros?».

Teníamos un poco más de veinte años de casados y pensábamos que habíamos aprendido mucho, pero no teníamos ningún título en esa área. Nos encanta ayudar a las parejas y compartir con ellas los errores que hemos cometido, pero no nos consideramos expertos en matrimonio. Antes de casarnos, éramos rápidos para ofrecer consejos sobre el matrimonio o para hablar sobre lo que pensábamos que un gran matrimonio debería ser. Veinte años después, sabemos que vamos a estar aprendiendo cómo tener un gran matrimonio por el resto de nuestras vidas. Así que nos arrodillamos y oramos por la paz de Dios. También le pedimos que nos diera las palabras correctas para plasmarlas en el libro.

Casi a la mitad de nuestro trayecto como autores, descubrimos un pasaje bíblico que trajo paz a nuestro corazón: «Que se escriba esto para las generaciones futuras, y que el pueblo que será creado alabe al Señor» (Sal 102.18).

Nos dimos cuenta de que nuestra historia y las otras que incluimos en *Esperanza para su matrimonio*, son para ayudar a esta generación y a las que vendrán. Comprendimos que la esperanza para los matrimonios de nuestros hijos comienza en casa, cuando todavía son jóvenes. No queremos que ellos cometan los mismos errores que nosotros. «Con sabiduría se construye la casa; con inteligencia se echan los cimientos. Con buen juicio se llenan sus cuartos de bellos y extraordinarios tesoros» (Pr 24.3-4).

Queremos que nuestra casa se construya sobre la sabiduría, por lo que tenemos que transmitir esa sabiduría a nuestros hijos, de modo que ellos puedan transferirla a sus hijos y así sucesivamente. Qué trágico debe ser para Dios obrar un milagro en la vida de alguien y que esa persona no lo dé a conocer a los demás.

Esta es la historia de lo que Dios ha hecho por nosotros y por muchos otros. Este es el testimonio de la fidelidad de Dios en nuestro matrimonio. Usted no se imagina cuánto hemos orado por todos los que están leyendo este libro ahora mismo, para que algo de lo que hemos escrito les pueda servir de alguna manera.

Su historia es importante

Queremos asegurarle que su historia también cuenta. Alguien necesita escucharla. Mucha gente será exhortada mediante lo que Dios ha hecho en usted y en su matrimonio. Puede estar pensando que no lo tiene todo resuelto. ¡No hay problema con eso! Simplemente esté dispuesto a difundir su historia a sus hijos, a sus amigos e incluso a desconocidos, siempre que las oportunidades apropiadas se presenten.

Podemos asegurarle que *hay esperanza para su matrimonio.* Mientras usted esté dispuesto a hacer lo que sea necesario para tener el matrimonio que siempre ha soñado, Dios comenzará a obrar en y a través de usted para hacer Su voluntad. Él le abrirá las puertas y propiciará los instantes oportunos para que pueda contar su historia y para que le dé todo el crédito. Uno de nuestros textos bíblicos favoritos es 2 Corintios 12.9: «Te basta con mi gracia, pues mi poder se perfecciona en la debilidad». El Señor usa a las personas débiles porque luego obtiene todo el crédito y otros ven lo que Él puede hacer y cuánto nos ama.

Palabras para una pareja a punto de casarse

De parte de Clayton para el novio

Hola. Solo quiero tomar unos minutos para animarlo. Usted y yo probablemente no nos conocemos y tal vez no haya sido decisión suya leer este libro. Si me permite unos minutos, quiero ayudarlo a prepararse para su matrimonio con la esperanza de que usted y su novia disfruten de una relación de por vida que sea extraordinaria y satisfactoria. Lo que sigue son algunas de las cosas que desearía que alguien me hubiera dicho antes de casarme.

Después de que se case, es posible que tenga una necesidad abrumadora de solucionar cada problema que se presente. Si quiere arreglar algo en su casa o en su apartamento, perfecto, hágalo. Pero recuerde que es posible que su esposa no quiera que usted sea el «Señor arréglalo todo». Ese fue un problema para mí desde el principio y, sinceramente, todavía lo es.

Cuando Ashlee me contaba los problemas que estaba enfrentando en su trabajo o en otras áreas de su vida, yo suponía que ella venía a mí en busca de soluciones. Pero ella no quería mi ayuda. Su esposa puede ser diferente a la mía, pero, si tuviera que apostar, diría que probablemente se parecen mucho. A los pocos años de casados, Ashlee me dijo: «Por favor, deja de tratar de arreglar mis problemas. ¡Solo escúchame!».

(Ya hablamos de eso extensamente al principio del libro. Ashlee explicó lo incapaz que se sentía cuando yo trataba de arreglarle todo).

«Bueno, ¡entonces deja de contarme todos tus problemas!», respondí con prontitud.

Reconozco que eso no fue lo más inteligente que pude decir. Mi consejo es que, cuando su esposa se le acerque a contarle sus problemas, simplemente responda: «Cariño, lamento mucho que estés enfrentando esto. Solo quiero que sepas que estoy contigo y listo para escucharte. Juntos podemos superarlo». Es necesario que le recuerde a su esposa que usted está a su lado.

Lo siguiente puede parecer un tanto descabellado, pero confíe en mí. Lo que sea que haya hecho para ganarse a su novia, asegúrese de *seguir* haciéndolo después de que se casen. Llámela o envíele mensajes de texto e invítela a tener una cita romántica. Ábrale las puertas y aparte su silla para que se siente. Sin decir una sola palabra, le está diciendo que la aprecia y la valora. (¿Recuerda cómo dejamos de tener largas conversaciones después de casarnos y cuán decepcionada estaba Ashlee?).

Sin importar lo que haga, no permita que nada se interponga entre usted y su tiempo diario con Dios. Cada día, reserve tiempo para orar por su esposa. Permita que Dios le hable por medio de Su Palabra. Recuerde que tiene un trabajo que hacer: «Esposos, amen a sus esposas, así como Cristo amó a la iglesia y se entregó por ella» (Ef 5.25). Somos llamados a amar a nuestras esposas con sacrificio, así como Jesús amó a la iglesia. Eso consiste en un esposo que está dispuesto a dejar su orgullo, sus derechos y su voluntad por su esposa. Cuando los esposos hacen esto, es fácil para las esposas hacer su parte, que también se menciona en Efesios 5. Es nuestro trabajo como esposos establecer el estándar sometiéndonos a Dios y a Su voluntad para nuestra vida.

De parte de Ashlee para la novia

Recuerdo que estaba muy estresada en los días previos a nuestra boda. Quería que todo fuera perfecto. Eso parece válido para todas las novias que hemos aconsejado. Siempre hay mucho por hacer antes del gran día y, a veces, hay algún drama familiar adicional que lo hace aún más desafiante. (¿Recuerda nuestra discusión sobre las bodas de los cuentos de hadas?). Una de las bodas más dulces y bonitas a las que he asistido fue la de mi hermana Lauren. Mi hermano y yo nos casamos a muy temprana edad, pero a mi hermana le tomó un poco más de tiempo encontrar a su amado.

Lauren y Louis: El 13 de marzo del 2015, a la edad de treinta y un años, Lauren dijo: «Sí, acepto», y fue una ceremonia muy preciosa. Ella y Louis se casaron al aire libre en un hermoso lugar al este de Texas, rodeado de grandes árboles y áreas verdes. Sin embargo, ese día tenía todo el potencial para un desastre. El pronóstico para esa mañana era lluvia fuerte y temperaturas frías. Yo estaba angustiada por Lauren y continuamente le preguntaba a mi madre cuál era el plan B. No había un plan B, pero mi hermana nunca pareció preocupada. Más tarde me dijo que tenía confianza en lo que Dios haría ese día y eso la tranquilizó.

Llovió mucho esa mañana, pero aclaró aproximadamente una hora antes de la boda. Estábamos agradecidos, pero todavía hacía frío y había charcos de barro en el lugar en el que ella estaría de pie durante la ceremonia. Lauren vestía un sencillo, pero hermoso, vestido de encaje blanco con una cola. Mientras caminaba hacia Louis, la cola del vestido comenzó a enlodarse, pero a ella no le importaba y a él tampoco. Los ojos de ambos estaban fijos en el otro. Las lágrimas corrían por el rostro de Louis.

Habían decidido que durante la ceremonia se lavarían los pies para representar lo que Jesús hizo por Sus discípulos. También fue su forma de demostrar cómo estaban dispuestos a humillarse en el matrimonio. A Louis le tocó primero el lavamiento de los pies. Cuando vi el charco de barro en el que estaba arrodillado, permanecí junto a mi hermana como su dama de honor y pensé: *¡Oh, no! Ella no puede hacer esto. ¡No! No hagas eso, Lauren. ¡Tu vestido se arruinará!* El lugar en el que ella se iba a arrodillar estaba precisamente al lado de los padrinos de la boda, por lo que pensé: *Bien, le recogerán la cola del vestido cuando comience a arrodillarse. Definitivamente lo harán.* Bueno, ¿crees que lo hicieron? Por supuesto que no.

Traté de llamar la atención de los padrinos con expresiones faciales. Si las miradas pudieran matar, todos los padrinos de la boda estarían muertos. Ninguno de ellos la ayudó. Al arrodillarse para lavar los pies de Louis, la cola se empapó en un mar de barro. Yo estaba indignada por ella y traté de buscar una solución. Sin embargo, a Lauren no le podía haber importado menos. Todo lo que le interesaba era casarse con Louis y su atención estaba centrada en él. No pude concentrarme en el resto de la ceremonia. Todo lo que pude hacer fue mirar su vestido y pensar en lo decepcionada que se sentiría Lauren cuando descubriera lo empantanada que estaba.

Después de la ceremonia, Clayton se me acercó con el rostro enrojecido por el llanto. Le pregunté si estaba bien. Él me dijo:

—Ashlee, esta fue una de las ceremonias de boda más hermosas que he visto en mi vida.

—¿Qué? ¿Pero no viste todo el barro en su vestido? —le pregunté.

—Sí —respondió—. Pero estaba tan enfocado en la ceremonia que realmente no pensé en eso. Todos a mi alrededor lloraban por la inocencia y la vulnerabilidad que Lauren y Louis mostraban. Definitivamente se podía sentir la presencia de Dios sobre ellos.

—¿En serio? —le dije—. Me enfoqué tanto en su vestido, en el barro y en querer golpear a los padrinos en la cabeza con mi ramo de flores, que me perdí esa parte.

Me la perdí.

Estaba tan atrapada en lo que pensé que era un desastre que me perdí lo que Dios estaba haciendo. Novia, le digo esto: Olvide esos detalles. Aproveche el momento, solo disfrute el día y la vida que tendrá junto a él. No se deje atrapar por cosas que no siempre salen como lo planeó. Que las desilusiones de la vida no enturbien su vista ni impidan que su corazón vea lo que Dios está tratando de hacer en su matrimonio y en su vida. Mi hermana bailó y se rio toda la noche. No le importaba su vestido enfangado. Solo se preocupó por disfrutar el momento. Ella lo había esperado desde que era una niña y estaba forjando recuerdos preciosos con Louis, con sus amigos y con su familia.

También le diría a una nueva novia que honre a su esposo en todo. Hónrelo incluso cuando no lo merezca. A veces, la única manera de hacerlo es con la ayuda de Dios. Pase tiempo en oración todos los días pidiéndole a Dios que la ayude a honrar a su marido en todo. No hable mal de él, sobre todo con la madre de usted. Ella probablemente sea su madre oso, que siempre querrá proteger a su pequeña cría; quejarse con ella de su marido tiene el potencial de causar mucho dolor y de lastimar su matrimonio.

Lo más probable es que su marido sea el «Señor arréglalo todo». Si le cuenta algo que le esté sucediendo, lo más probable es que él quiera arreglarlo. Pero tal vez usted quiera que solo la escuche. Hágaselo saber. Los hombres no saben que a veces solo nos gusta compartir lo que estamos enfrentando y solo queremos un abrazo y que nos digan que todo va a estar bien. Hasta este día, antes de decirle a Clayton algo por lo que estoy pasando, le informo si quiero que él solo me escuche o si quiero que lo arregle. ¡A él le encanta eso!

Palabras para alguien que ha estado casado por un tiempo

Nos encantaría motivarle a contar su historia. Hay muchas parejas que podrían beneficiarse de su experiencia. Invierta en la próxima generación ayudándoles a encontrar esperanza para su matrimonio. Muchas parejas más jóvenes buscan personas que estén más adelante en la travesía matrimonial. Ellos pueden aprender de sus triunfos y de sus tragedias. Su historia no tiene que ser perfecta, solo debe ser auténtica. Conocemos parejas en diferentes etapas de sus matrimonios que buscan mentores.

Puede que se sienta igual que nosotros al principio de nuestro matrimonio. Tal vez no esté seguro de cómo llegó allí, pero, ahora que ha estado casado algunos años, se encuentra en el fondo de un valle de huesos secos. ¡Podemos decirle que no está solo y que hay esperanza para su matrimonio! ¡No se rinda! Comience a hacer declaraciones de esperanza como hizo Ezequiel con esos huesos secos.

Hable con su cónyuge, invítelo a una cita y comiencen a buscarse nuevamente. Encuentre un buen consejero matrimonial o un pastor y hable sobre algunos de los problemas a los que se enfrenta. Ore con su cónyuge todos los días. Su tiempo de oración no tiene que ser largo ni prolongado, pero debe hacerse con sinceridad y de corazón.

Decida hacer una cosa hoy que inyectará vida a su matrimonio. Después, prepárese para hacer otra cosa mañana, y al día siguiente, y así hasta que comience a ver cómo se transforma su matrimonio.

Hay esperanza para todos los matrimonios. Comience poco a poco, pero manténgase constante. ¡Pronto podrá escribir su propio libro para ayudar a los demás!

Nunca es demasiado tarde

Clayton: Cuando Ashlee y yo empezamos a salir, cada uno tenía grandes expectativas de lo que esperábamos de un cónyuge. Los dos coincidíamos en la importancia de la familia. Las nuestras habían jugado un papel bastante relevante en el desarrollo de nuestra visión y de nuestro carácter. Ella tiene unos padres extraordinarios que le han enseñado de qué se trata el amor y el compromiso. Ellos establecieron estándares altos.

Hemos aprendido mucho de ellos a lo largo de los años. Ellos modelan la importancia de mantener a Dios en el centro de cada uno de sus corazones y en el centro de su matrimonio. Hacen que orar juntos todos los días sea una prioridad, independientemente de lo ocupados que estén. No comenzaron de esa manera, pero han dado pasos esforzados a lo largo de los años para llegar a un punto saludable en su matrimonio.

Mientras crecía, la familia lo era todo para mí. Dios siempre jugó un papel vital en nuestro hogar. Mis padres se conocieron en la preparatoria, interpretando a María y a José en un programa de Navidad en su iglesia. Jesús estaba en el centro de la escena de la Navidad y todavía está en el centro de su relación más de cincuenta años después. Al rememorar, recuerdo siempre haber estado participado en la iglesia y viendo a mis padres leer sus Biblias a menudo.

Mis padres siempre han tenido un buen matrimonio, no uno perfecto, pero definitivamente bueno. Recuerdo cuando fueron lo suficientemente valientes como para identificar áreas en las que necesitaban trabajar en su relación y los admiro mucho por hacerlo. A lo largo de los años, han seguido escuchando grabaciones, leyendo libros y asistiendo a conferencias para crecer en su relación. Uno pensaría que, después de más de cincuenta años de matrimonio, estarían llegando a sus años dorados.

En su aniversario de bodas cincuenta y cinco, en vez de hacer un viaje para celebrar, quisieron asistir a nuestra conferencia para matrimonios Spark, en Lakewood Church. Les dijimos que no tenían que venir solo para apoyarnos. Ellos nos respondieron: «Sabemos eso, pero vamos para crecer en nuestro matrimonio. Una vez que dejamos de aprender, dejamos de crecer». Tuvimos el privilegio de honrarlos esa noche del evento frente a miles de personas. Fue una noche que nunca olvidaré.

Mi padre dio otro valiente paso hace unos años. Antes de que le diga cuál fue, déjeme contarle un poco sobre papá. Yo era como la mayoría de los chicos que querían ser como sus padres. No había nadie con quien quisiera salir más que con él. Cuando yo tenía tres años, iba a su habitación y conseguía una de sus camisetas para ponérmela y dormir con ella puesta. A menudo tomábamos su viejo Volkswagen escarabajo blanco y nos íbamos a la tienda de rosquillas los sábados por la mañana.

Mi padre ha sido mi héroe desde que tengo memoria, pero no era perfecto. Creció como hijo único con unos padres que lo amaban, pero mostraban su afecto de diversas maneras. Por ejemplo, era normal que su padre no lo abrazara. Su padre mostraba amor y afecto trabajando duro para mantener a su familia, por lo que era «normal» que mi padre mostrara su amor y su afecto de la misma forma. (¿Recuerda que hablamos de las cosas «normales» con las que todos crecimos?).

Papá era banquero y trabajó diligentemente para mantener a nuestra familia. Él no jugaba a la pelota conmigo muy a menudo, pero se aseguró de que estuviera bien cuidado y de que creciera en un hogar lleno de amor, comprometido con Dios y con una fuerte ética laboral. Me decía que me amaba, pero solo después de que yo se lo decía y siempre fue un poco incómodo para él.

Ahora que soy un adulto y que me he convertido en padre, sigue sin haber alguien a quien admire más que a él. Mi padre me mostró, callada y constantemente, cómo ser un hombre íntegro y acorde al corazón de Dios. La historia que estoy a punto de contarle, es algo que ha solidificado la condición de héroe que mi padre tendrá de por vida. Puede que no le parezca demasiado, pero fue lo más impactante que haya hecho por mí. A la edad de setenta y dos años, mi papá se tomó el tiempo de escribirle a cada uno de mis hermanos y a mí una carta. Las personalizó para cada uno y no sé qué les dijo a los demás, pero lo que me dijo en la mía me conmovió profundamente.

Cuando recibí la carta, no me pareció algo especial. Dado que tenía la dirección de mis padres y que parecía tan formal, supe inmediatamente que debía ser de mi padre. Como ya mencioné, él era banquero y un hombre muy organizado. Pensé que tal vez estaba enviando información sobre su próximo viaje como siempre lo hacía, con una lista de actividades diarias y números de teléfono en caso de una emergencia.

Cuando comencé a leer, rápidamente me di cuenta de que no era nada de eso. Era una carta personal de mi padre, algo que nunca había recibido antes. Mis ojos se llenaron de lágrimas cuando comencé a leer esa carta escrita con franqueza y amor. Aquí muestro una pequeña porción de lo que él escribió.

Querido Clayton:

Desde hace poco, el Señor ha puesto en mí la necesidad de escribirle a cada uno de ustedes, mis hijos, una carta sobre lo orgulloso que estoy y lo mucho que los amo. Clayton, eres un maravilloso esposo, padre y pastor. La medida total de la influencia que has tenido en la vida de muchos no la conoceremos aquí en la tierra. Dios te ha dado una gran responsabilidad, pero también oportunidades. Me hace sentir muy orgulloso de ti ver todo lo que estás haciendo.

Te he amado desde el primer día en que te pusieron en mis brazos en el Good Shepherd Hospital en 1971. Me sentí tan afortunado de tener otro hijo en nuestra familia. Siempre recordaré tu boda porque Ashlee es exactamente lo que necesitabas y estoy muy feliz de llamarla mi nuera.

No es necesario decir que todos hemos llenado una cuota de errores, pero esa es la forma en que tenemos que aprender muchas lecciones en la vida. Sé que recuerdas el sermón que ambos escuchamos sobre ser un diamante y la manera en que Dios siempre está moldeando las asperezas. A veces parece que tenemos que pasar por las mismas situaciones una y otra vez antes de que Dios finalmente logre captar nuestra atención. Supongo que todos crecemos imitando a nuestros padres. Mi papá nunca me expresó su orgullo ni su amor, aunque creo que me amaba. Ese fue mi ejemplo, pero pensé que ya era hora de enmendar eso. De todo lo que tengo en mi vida, lo que más me enorgullece son mis hijos.

Te amo,
Papá

Cuando terminé de leer esa carta estaba llorando como un loco. Agradecí inmensamente que mi padre se hubiera dispuesto a dar un paso tan valiente y me enviara ese escrito. Me enseñó algo valioso. Yo sabía que me amaba y que estaba orgulloso de mí, pero al fin me lo dijo. Tal vez usted esté pensando: *¿Pero fue en una carta?* Sin embargo, para mí valía mucho más que se tomara el tiempo para sentarse, escribir la carta, comprar la estampilla postal y enviármela por correo, que si tomaba el teléfono y hacía una llamada. Además, me mostró que, sin importar cuánto tiempo haya estado haciendo algo de una manera determinada, siempre se puede dar un paso fuera de lo «normal» y hacer un impacto duradero en alguien que uno ama.

En la gaveta superior de mi escritorio en la iglesia, tengo un lugar donde guardo cosas que sirven como «piedras conmemorativas». Cosas que pueden no tener ningún valor para otros, pero que para mí son invaluables. La carta de mi padre, junto con su sobre, está en esa gaveta. Cada vez que la veo en mi gaveta, me recuerda que mi padre me ama y que está orgulloso de mí. La carta también me recuerda que quiero ser como él y no temer nunca dar pasos valientes para hacer un cambio, a pesar de la edad que tenga.

Su legado comienza ahora

Una definición simple de legado es «algo que se transmite de una generación a otra». Puede ser algo bueno que se transfiere a varias generaciones, o puede ser algo negativo que una generación más joven decide no perpetuar. Sin importar cuál haya sido el legado matrimonial de usted y de su familia, la buena noticia es que un nuevo legado puede comenzar ahora.

Tal vez el modelo «normal» de matrimonio o de familia que tuvo mientras crecía no fue el mejor. Quizás usted creía que estaba destinado a pasárselo a sus hijos. Queremos animarle a que pueda comenzar un nuevo legado en cualquier momento. Incluso tomando medidas sencillas, en poco tiempo puede haber cambiado su tradición matrimonial y tener un nuevo legado que transmitir a las futuras generaciones.

***

Ashlee: Cuando decidimos humillarnos a nosotros mismos y trabajar en nuestro matrimonio en el quinto año, no siempre fue sencillo. Hubo días en que uno de nosotros era cruel o egoísta, pero teníamos que optar por el amor ágape. Tuvimos que dar pasos hacia la restauración aun cuando nuestro cónyuge diera o no algún paso ese día. Nos dedicamos cada mañana a la oración y le pedíamos a Dios que nos diera la posibilidad de amar como Él.

Oraba constantemente por nosotros con este pasaje de la Escritura: «Sácianos de tu amor por la mañana, y toda nuestra vida cantaremos de alegría» (Sal 90.14). En la época en que Clayton no me satisfacía, Dios llenaba ese vacío hasta que llegamos a un punto de restauración y de gran gozo.

Ahora, a pesar de lo que ocurra cada día, Clayton, mi amado, me respalda y siempre está a mi lado. No puedo imaginarme la vida sin él. Es mi mejor amigo, mi amante, mi confidente y mi mayor entusiasta. Pero nunca se habría convertido en estas cosas si no hubiera decidido amarlo primero. No estaríamos *jamás* donde estamos hoy solo con sentimientos. Tuvimos que optar por amar, incluso en los días en que no teníamos ganas.

Estoy muy agradecida porque Dios nos ayudó a salir de ese valle de huesos secos. Pienso en cómo sería nuestro matrimonio ahora (de haber sobrevivido) si no hubiéramos dado esos pasos hacia nuestra tierra prometida. Entonces me dan ganas de caer de rodillas en agradecimiento a Dios. Él es nuestra *única esperanza* para el matrimonio. Él es nuestra *única esperanza* para salir de ese valle. Es nuestra *única esperanza* para una restauración completa. Él es nuestra *única esperanza* para llegar a nuestra tierra prometida. Es la *única esperanza* para dejar un legado conyugal fuerte a la próxima generación.

¿Tomará hoy la decisión de hacer lo que sea necesario para tener el matrimonio que siempre ha esperado y ha soñado? La esperanza de su matrimonio comienza con la decisión de dar un solo paso que lo saque de su valle de huesos secos y lo dirija hacia su tierra prometida. «Peleen por sus hermanos, por sus hijos e hijas, y por sus esposas y sus hogares» (Neh 4.14).

Dios está a favor de su familia, Dios está a favor de su matrimonio. Luche por ellos. Pelee con la espada del Espíritu y con el escudo de la fe. Sabemos que puede hacerlo. Si Dios pudo hacerlo por nosotros, por Richard y Sheri, por Mike y Jennifer, por Jason y Staci, por Craig y Samantha, por Miguel y Laura y por Joel y Shawna, Él puede hacerlo por usted. ¿Dará ese paso? Dios lo está esperando gentilmente.

PROFUNDICEMOS

Un legado es algo que se transmite de una generación a otra. Podemos transferir un legado matrimonial lleno de esperanza a nuestros hijos y a otros que aún no se han casado. Es importante comenzar dando a conocer sus desafíos y sus éxitos a los demás. Continúe con su legado hoy, transfiera su experiencia a la próxima generación y bríndeles la esperanza que necesitan para un matrimonio maravilloso.

Puntos de diálogo

1. Dígale a su cónyuge cinco cosas que haya aprendido de las generaciones anteriores sobre el matrimonio.

2. Durante las próximas dos semanas, encuentren una pareja que haya estado casada por menos tiempo que ustedes y pasen un rato con ellos. Permítanles preguntar todo lo que quieran sobre su matrimonio. Muéstrense dispuestos a compartir sus desafíos y sus éxitos.

3. ¿Conoce a una pareja que se beneficiaría de este libro? Si es así, considere regalarles una copia de este libro y ore antes de obsequiárselo.

Reconocimientos

De principio a fin, le damos a Jesús todo el crédito por este libro. Nosotros no buscamos esta oportunidad, pero los planes de Dios con nosotros son mucho más grandes de lo que podríamos haber imaginado. En la medida en que lo mantenemos en el centro de nuestra vida y de nuestro matrimonio, Él continúa abriendo muchas puertas extraordinarias.

A nuestros padres: Bill, Judy, Tim y Melissa. No podemos agradecerles lo suficiente por forjar un legado matrimonial de amor en nosotros. Estamos increíblemente agradecidos por todos los sacrificios que han hecho por nosotros. Si este libro ayuda a otros matrimonios, sepan que ustedes jugaron un papel importante en ello.

A nuestros hijos: Addison, Aubree y Colton. Son nuestros mayores tesoros y los amamos mucho a cada uno. Gracias por ser tan comprensivos en este proceso. ¡Ustedes son nuestros favoritos!

Queremos agradecer a nuestros extraordinarios pastores Joel y Victoria por su liderazgo y por su apoyo a este libro desde el principio. Gracias al doctor Paul, a Jennifer, a Kevin, a Lisa y a la señora Dodie por su dedicación a amar a Dios y a la gente.

Pastor Craig y Samantha, gracias por su amistad y por su aliento. Ustedes son unos de nuestros principales entusiastas y nos encanta la vida con ustedes en ella.

Brittany, eres una verdadera bendición y una enviada de Dios a nosotros. Gracias por respaldarnos siempre.

A todo el personal de Lakewood Church y a todos nuestros maravillosos maestros y voluntarios matrimoniales, ¡gracias! Nos honra servir junto a algunas de las mejores personas en el mundo.

A Debby Jackson. Gracias por ser obediente a Dios y por darnos el aliento que requeríamos para escribir este libro. Estaremos eternamente agradecidos por ti.

A toda nuestra familia de Thomas Nelson y Emanate, gracias por amarnos y por caminar con nosotros durante este proceso. Joel Kneedler, comenzaste todo esto, por lo que agradecemos a Dios por ti. A Janene MacIvor, a Joey Paul y a Cody Van Ryn, gracias por los maravillosos dones que Dios les dio. ¡Nos inspiran!

Notas

Capítulo 3 - La elección correcta

1. Henry George Liddell, Robert Scott, *A Greek-English Lexicon*.

2. R. E. O. White, *Baker Encyclopedia of the Bible*, vol. 2 (Grand Rapids, MI: Baker Book House, 1988), p. 1357.

Capítulo 4 - Amor, seguridad, respeto y honra

3. Lily Koppel, *The Astronaut Wives Club: A True Story* (NY: Red Leather Diary, 2013).

4. Charlie y Dotty Duke, *Moonwalker* (Nashville: Thomas Nelson, 1990), p. 100.

5. *Ibid.*, p. 244.

6. *Ibid.*, p. 261.

Capítulo 10 - Declare vida sobre su matrimonio

7. Achtemeier, P. J., Harper & Row y Society of Biblical Literature (1985). *Harper's Bible Dictionary* (1ra ed., p. 890) San Francisco: Harper & Row.

Acerca de los autores

FOTOGRAFÍA TOMADA POR MATTHEW DANIEL

Clayton y Ashlee Hurst son los pastores de los ministerios de matrimonio y de crianza en la congregación de Lakewood Church en Houston, Texas. Ya casados por más de veinte años, Clayton y Ashlee sienten pasión por ver cómo Dios da vida a cada pareja que encuentran, fortaleciendo y enriqueciendo sus familias. Además, Clayton y Ashlee fungen como anfitriones del evento anual Spark Marriage Conference, de Lakewood, que cuenta con reconocidos expertos en matrimonio y con la asistencia de más de ocho mil personas de todo el mundo. Son padres de tres hijos y viven en Houston.